Hollesser Anekdötchen

Lebensberichte

Historische Zeitungsannoncen

Lindenholzhäuser Nachrichten

Historische Gebäude

Hollesser Mundartnamen

Herstellung und Verlag: BoD – Books on Demand, Norderstedt
ISBN: 9783756237654

## Inhaltsverzeichnis

# Hollesser Anekdötchen

In Linnhollesse gab es vor längerer Zeit einige „Originale“, die durch ihre Eigenart wie ihre Originalität das Dorfleben bereichert haben. Diese Menschen machten keinen Hehl daraus, dass über sie oft geschmunzelt oder gar gelacht wurde. Sie waren eben genau so, wie sie waren. Und standen zu ihren Ecken und Kanten, die heute im Nachhinein betrachtet doch auch sehr liebenswert waren.

So gab es manche Begebenheit oder auch Anekdötchen, die es wert sind, einmal aufgeschrieben und damit festgehalten zu werden.

Heute wollen alle in der Gesellschaft oder im Dorfleben möglichst nicht aus der Reihe tanzen oder auffallen. Passiert uns ein „Missgeschick“ oder irgendeine Panne, scheut man sich davon zu berichten. Das ist eigentlich schade, denn wer lacht nicht gerne mal von Herzen. Das hat nichts mit auslachen oder Schadenfreude zu tun, im Gegenteil man lacht gemeinsam über die einfachsten Sachen, aber auch über weniger lustige Anlässe wird sich ausgetauscht. Haben wir den Mut auch jetzt aus der Reihe zu tanzen und lassen wir andere an den Anekdötchen teilnehmen.

Stehen wir zu unseren Eigenarten, man muss nicht immer so glatt gebürstet sein; und vor allem manchmal nicht zu „empfindlich“!

In diesem Sinne viel Spaß beim Lesen!

## Dott Dorffest

Dott Dorffest wor jo werklich en volle Erfolg,
dott wor jo aach sicher suu gewollt.
Alt und jung hun zesumme gesässe
un mol feer 4 Doach alle Sorje vergässe!
Vu de Streckgass, Kreuzgass uu de Sack, bäss änn die Weed,
do wor wott loos – wie mer suu seet.
Do wor jo eine Menschenmenge
un deshalb e‘ gruss Gedränge.

Äm sack do horre die Känn eern Spass,
met Seifekisterenne „en masse“.
Eich wollt mit meiner Schwester mol änn de Sack, änn die alde Heimat gieh,
ei, doo kome meer fast nitt hie.
Mer ginge wie fruiher dorch dett inge Gässje,
unn da do owenoff wie gewohnt det „Wesje“.
Ganz owwe, do horre deij doch en Ramp gebaut,
owwer mer zwaa alde met usse Rollatorn hunn uss dott nitt noff getraut.
Deij Kermesbersch hunn gelacht und doore suu,
wott komme da feer zwa alde Safekiste uu?

Mer sänn iwwer die Kreuzgass, do wor et doll,
wie fruiher no de Kerch, rappelvoll.

Wu gieht mer da jetzt hie, woat ässe,
ei dott muss mer doach vorher alles wässe.
Kedoffelplätzecher un frisch gebacke Brut,
do musste dich lang ustelle änn de Nut.
Gieht mer besser zerick wu et Gulasch und Linholleser Bier gitt,

mer sänn met usse Rollatorn hie und her gehippt.

Iwweraal goob et jo ach wott ze gucke,
mer wor fuu dene ganze Besonderheite ganz meschucke.
Änn die alt Kerch wollte und kunnte mer ach erscht gornit enänn,
wu mer domols all getraut worn sänn.
Eich hunn geheert do säits aus wie en Lacherraum,
meer dochte noor „aus de Traum"!
U die neu Kerch hott mer sich lingst gewient,
die Hauptsach – mer wärd do „gesient".

Beim Waaner Lidwina im Hobb,
do soasse se em Sofa - wie in de gout Stobb.
Do gobs e Interview met de „Alte" –
ei, dej kunnte en ganze Mittdoach allaa gestalte.
Hänne änn de alde Scheuer kunnt mer alde Fotos seih,
wie et fruiher äm Dorf hott ausgeseih.
Dott wor alles werklich schie, owwer feer lauter Leut,
koomste fast nitt dohie.

Meer wollte ach noch änn die Bischhofseck,
owwer ach doo, koomst de nitt vum Fleck.
Laufend hot mer Leut getroffe,
alles friedlich un kaaner woar besoffe.
De Weg änn die Eck wornitt umsonst,
wu fruiher Eckernums worn, do gibt's jetzt Kultur unn Kunst.
Do gibt et e' Maler-Atelier,
do kannst Bilder seih ojee.

Do de noo sänn mer änn die Stillgass bei de Saubornspabst,

doat woar noch amol so en richtische Spass.
De ganze Hobb voll vu Schmiedekunst,
met Außerirdische (Aliens) unn geschwellter Brust.
Met Eifeltorm unn Brandeburger Door,
wott eich hai verzehle, doat iss werklich wohr!

Oberhalb vuu de Stillgass, hot mer offgebaut en Stiegel,
dott wor wie su enn klaane Riegel.
Wollste ganz fruiher äns Dorf enänn unn wolltste speter aus em Dorf wirrer raus,
musste genausu, nor imgekehrt wirrer enaus.
Mer sänn do owwer nitt owedriwwer gestiee,
sonst wärn mer met ussern Rollatorn hinge gebliwwe!

Da musste mer uss beeile weil mer wollte bei Kochs Seppl äm Hobb,
do falle die Plattschwetzer, de Leut off de Schlobb!
Do wärd geschwetzt, wie de Schnowwel gewose,
do staune selbst die Brecher Hoase!

Do vorn uum Kapelltje stann die Deer weit off,
do komme mer met usserm Fahrzeug aach nitt e'noff.
De Heilige Wendelin hunn mer nitt gesäih,
et gibt jo aach äm ganze Dorf nitt mie aa Kouh odder e' anner Väih.
Hiechstens en Gickel unn poor Hinkel –
meer sän jo ach seit 1972 Städter unn feine Pinkel.
Owwer meer hunn et nie iwwertriwwe
unn sänn immer off em Deppisch gebliwwe.

Bei Goldschmids gobs e' Schmiedefeuer,
owwer dott wor uss nitt geheuer.
Denn falle meer zwaa Alde änn dott Feuer enänn,

dott wär feer us alde Knoche schlämm.
Obwohl mer vorher noch recht munder,
ei mer dere brinne, wie Zunder.
De Schmidt hott kräftig off de Amboss gekloppt unn schiene Sache gemoacht,
do hott su mancher e‘ Unikat met hamm gebroacht.

Äm lange Hobb vu Langhobbs, worn landwirtschaftliche Geräte ausgestellt,
do wor's wie en ahner annere Welt.
En Sichel, en Reche und e‘ Reff hing u‘ de Wand, unn en alde Pluck
aus ganz aldem Bestand – unn sogar en Zentrifug!
Domet hott mer die Milch vum Schmand getrinnt
unn Botter geschlu, wer dott noch nitt kinnt.
En besser Botter gibt et nitt,
dot gibt det beste Botterstick!
Bei Huinerie gobst e goure Wei,
met Handkäs unn Mussik dobai.
Änn der Kerchgass hott mer de Flammkuche gässe,
un änn de Inggass hott mer sich um die arme Ritter met Vanillesosse gerässe!
Ässe unn tränke hält Leib un Seel zesumme,
ower et wor fast nitt miehlich vum Platz ze komme.

Dot wor jetzt de Samstag met dem Höfefest,
doch zerick: Et gieht weirer mit „Best of Best“.

Um erschte Doog, unne u‘ de Schul, do wor schun gleich wot gefällig,
do wor et schunn gruuß gesellisch.
Beim Eröffnungskonzert, de ganze Schulhobb woar voll,
die Leut hunn geklatscht – wie doll.
Alle Chöre vom Dorf hunn gesunge,
dot wor wie immer bestens gelunge.

Owwer die Schulkänn un de Kinnergoarde,
dej hunn die Chöre iwwertönt, hoste Worte.
Dott wor owwer ach en besonner Grund,
dej hunn die neue Linholleser Hymne schun auswinnisch gekunnt.
Deij Kermebersch hunn die Fuhne geschwenkt
unn owwe driwwer hott en Drohne eer Bahne gelenkt.
Alles hot no owwe geguckt,
wott doo änn den Loft iss e'rim gespukt.

Unn ausserdem hunn meer äm Dorf jetzt e klaa Orchester vu 20 Mann,
dott iss doch wott – vielleicht en Neuanfang?
Wänn mer als Sängerdorf vum „Musikrat“ schunn ausgezeichnet sänn,
da muss Musik met Instrumente änns Dorf enänn.

Owwer die junge Leut, deij will eich nitt vergässe,
deij hunn nitt em Stuihltje gesässe.
Deij hunn sich met aller Kraft ängebroocht
unn hunn äm nächste Doach en Rocknacht off die Baa gebrocht.
Do ging die Post ob, owwernitt ze vill,
die Linholleser Jugend, deij waas, wott se will!

Uum Sunndog beim festliche Gottesdienst, met Pfarrer Rehberg und
Generalvikar Rösch,
wor wirrer versammelt det ganze „Gelersch“.
Beim Opfergang worre verschiedene Symbole iwwerreicht,
do hott mer sich vill Gedanke gemoocht, dot wor nitt su leicht.
Die Geistlichkeit dorfte amol vum Sauborn tränke,
dee musst da naderlich „de Pabst“ persönlich ausschenke.
Dann kome noch poor Goabe hänne dru,
dott hott mer gefalle, dott woar ich werklich suu!

Zoum Sege word noch amol kräftisch gesunge,
doono ging et u' die Tafel, doat woar aach gelunge!
De Disch, de worjo riesisch lang
unn wer en Blatz gefunne, de wollt gornitt mieh ham.
Ze ässe gob et jede Menge, änn dene lange Schlange,
unn wer naut debai hott, de dorft bei de Annern aafach amol zoulange.
Wie Jesus gesoot hott: „Gebt Ihnen zu essen",
dodru kunnte mer uss werklich messen.
Jeder hott met jedem geschwetzt,
unn mer hot sich aafach zesumme gesetzt.

Alles in Allem, et wor e schie Fest,
wot sich suu schnell nitt toope lässt!
Meer Linholleser hunn hej wott off die baa gebrocht,
dott hott em Dorf alle Ehre gemocht.
Alle dene, deij beteilgt woarn doo dru,
dene muss mer vu Herze e gruss „DANKESCHÖN" suu!

Bääs jetzt iss det Dorf noch met dene ville Wimpel geschmickt,
owwer dej mache mer so schnell net wig, ei da wärn mer jo verrickt!
Die Pfingste stiehn doch feer de deer,
da tränke mer doch all det suisse Bier.
Dozau verzehrn mer noch de letzte Rest
unn sänn dankbar feer dott schiene Fest!

*Quelle: Rita Rompel im Juni 2022*

## Mein Dorf

Das Foto ist schon arg geknickt,
so dass man kaum was drauf erblickt.
Den Bauern auf dem Weg ins Feld,
das Kapellchen und das dicke Pferd,
das Bild ist künstlerisch nichts wert,
doch hier erblickt' ich das Licht der Welt.

Das Dorf, ich weiß noch wie es war,
die wilde Bauernkinderschar
mit dicken warmen Pudelmützen.
Das alte Haus mit der Pumpe davor,
die Kirche mit dem bunten Chor,
die herrlich tiefen Straßenpfützen.

Wie wohnten wir doch damals schlicht
in simplen Häusern, dicht an dicht
mit Gartenzaun aus morschem Holz.
Jetzt ist das Dorf modernisiert,
man hat es, wie es heißt, saniert,
und darauf sind die Leute stolz.

Denn dank der neuen Wohnkultur,
sind sie der Zukunft auf der Spur
und wohnen in dem neuen Heim.
Die Enge von einst ist nun vorbei,
für jeden ist ein Zimmer frei,
in dem er nur zu oft allein.

Die Jugendlichen sind auf Zack,
sie haben städtischen Geschmack,
und ein Kassettenradio.
Ich weiß es ist ihr gutes Recht,
die neue Zeit ist gar nicht schlecht,
doch sie macht mich nicht sehr froh.

Ich wuchs mit ihren Eltern auf,
kein Auto störte unseren Lauf,
wie spielten frei und ungezwungen.
Ist das schon so lange her?
Das Dorf von damals gibt's nicht mehr,
ein Bild nur – und Erinnerungen.

*Quelle: Unbekannter Autor*

*Lindenholzhäuser Wappen – gezeichnet von Sandra Weifenbach geb. Rompel*

## Der Zeitungsmann

Ein Original erster Güte war der „Pörtner Albert“ aus der Fallbornseck im Hinterhaus.

Der trug jeden Tag nach Mitternacht um ein Uhr die Zeitung von Haus zu Haus.

Tagsüber arbeitete er als Fach-Bauarbeiter beim Bauunternehmer Willibalds Franz am Bau und er hatte eine liebe Frau.

Denn der Albert hielt gerne einen Schwatz
und liebte besonders dabei nicht nur <u>einen</u> Schnaps.

In der Nacht kehrte er gern mit der Zeitung in der Hand in der Sportklause ein. Dort schenkten ihm die bösen Buben vom Fußball ordentlich ein.

Zum Dank dafür bekamen die Kumpane als erste die neue Zeitung in die Hand.

Doch der Schnaps, der hat gebrannt, wer kann schon so viel vertragen,
und so war er nicht mehr fähig, die Zeitung auszutragen.

Daher ist die liebe Frau Therese mit der Zeitung in der Hand am nächsten Morgen durchs Dorf gezogen
und hat die Sache wieder beigebogen.

<u>Fazit:</u>

Trinkste poor Schnäpsecher unn noch zwaaa, da brauchste dehamm änn gout Fraa!“

## De klaa Mann mit de grusse Faust

Dot Juppje wor en klaane Mann,
dot fing off de Kermes gärn Streitereie an.

Bei de Schausteller hott e sich offgehalle
und wollt die Faust zom Kampf huch halle.

E' hot gedroht met gestrecketer Hand,
suu schlämm hott mer dott Juppje nitt gekannt.

E' soot: Hej kann jeder sej,
feer dene Faust gien selbst eich änn die Knäj!

De Schausteller wor erblasst:
„Wenn mich diese Faust erfasst ...

... dann wird das Volk zusammenlaufen
und ich kann keine Lose mehr verkaufen!"

Dott Juppje hollt zum Schlage aus,
fällt rickwärts hie – dot Spill is aus!

Die Leut hun gekräsche, wie verrickt:
„Dot Juppje, dott iss imgekippt!"

„Wer uhgibt, wie en Dott voll Micke,
dout feer de Zeit zesummeknicke!"

## Der 500er FIAT

De Jaab war als LKW-Fahrer bekannt;
damit fuhr er mehr oder weniger nüchtern durchs Land.
Privat war ein 500-er FIAT sein Besitz,
womit er fuhr meistens wie der Blitz.
Doch nicht wegen dem schnellen fahr'n,
hat er manchmal den „Lappen" verlor'n!
Dann musste er sich eine Auszeit nehmen,
und konnte den Weg in die Wirtschaft nehmen.
Bei Schmole Peter hat er gern gesesse
und Gott und die Welt sowie seine Frau vergesse.
Wenn er da saß ein paar Stunden,
haben die bösen Buben ihn heimlich an das Stuhlbein festgebunden.
Wollte er aufsteh'n, kam er zu Fall,
dann gab`s in der Wirtschaft Mords-Krawall.
In der Sportklause beim Waaner Funs passierte oft das gleiche,
die Spieler vom Fußball sich nach drausse schleiche.
Dort der FIAT in der Einfahrt stand,
das war ja allerhand.
Sie stellten den FIAT einfach quer,
der Jaab kam raus, da ging gar nix mehr.
Auch wurde der leichte FIAT, es wär ja gelacht,
oft aufgebockt während der Nacht.
Doch sollten die Spieler später den FIAT wieder runter heben –
musste der Jaab etwas zum Besten geben.

Die Moral von der Geschicht: In der Einfahrt „parkt man" nicht !

## Der Motorrad Crash

De Jupp von de Schosse vorn,
war ein Mann von Schrot und Korn.
Ein Mann, auf den man immer gebaut,
aber sich selber hat er am meisten vertraut.
Sein Motorrad stand oft off de Gass,
das machte dem Jupp so langsam kein Spass.
Vor der ersten kalten Nacht,
ward das Motorrad in Sicherheit gebracht.
Dazu hatte sich der Jupp eine steile Rampe gebaut
und sich selber wieder mal am meisten vertraut.
Das Motorrad sollte nach oben oberhalb der Garage,
dazu brauchte der Jupp ganz schön Courage!
Er fuhr mit Schwung über die steile Rampe,
dabei kam ihm schon der Gedanke.
„Bin ich oben – runter vom Gas“,
doch da verging ihm schon der Spaß.
Er hatte es nicht mehr in der Hand,
und ist mit Vollgas gegen die Mauer gerannt.
Doch das hat an seinem Ego nicht gerüttelt,
der Jupp, der hat sich mal geschüttelt.
Es hat halt nicht zum Besten geklappt,
„habe halt mal Pech gehabt“.

Die Moral von der Geschicht: Ein Motorrad ist kein Leichtgewicht!

## Der Debo Schorsch oder (die Prüfung an der Friedhofsmauer)

Wer kannte nicht den Debo Schorsch, das war doch en komische Borsch.

Im Nichtstun war er groß und darum meistens arbeitslos.

In der Sportklause waren die Spieler vom Fußball versammelt,

die wollten nicht länger zusehn, wie der Debo den Tag vergammelt.

So haben sie dem Schorsch nahegelegt am Ende, sich in Eschhofen bei der Bundeswehr zu bewerben, denn am Ende winkt die Rente.

Die Aufnahmeprüfung bestände darin, um Mitternacht die Friedhofsmauer dreimal zu umrunden.

Das ganze Prozedere war schnell ausgemacht, sodann sich der Schorsch hat auf den Weg gemacht.

Wie bekannt, ist er mit Tempo um die alte Friedhofsmauer gerannt.

Doch am Grab von Lehrer Göbel, hatte sich versteckt, der ganze Pöbel.

Mit viel Pläsier, spielten sie Gespenster hier.

Der Debo bekam es mit der Angst zu tun und nach einem lauten Schrei verschwand er hinaus in die dunkle Nacht im Nu.

Er rief: „Den Schabernack mach ich nicht mit!“

Darum: Unterschätzt den Debo nicht!

## Der Tanz mit dem Debo

Auch der besagte Lehrer Göbel hatte es zu seinen Lebenszeiten,

dem Schulbub Debo Schorsch angetan.

In der Schule sagte er zu dem ganzen Schülerclab:

„Ich gehe hier mal ganz auf's Ganze,
wer will mal mit dem Debo tanze?"
Die Buben brachen in Gelächter aus,
und die Mädcher hielten sich erst recht heraus.
Nur die Grete, die hob die Hand,
und is schnurstracks nach vorn gerannt.
„Ich, Herr Lehrer stell in die Eck mein Ranze
und werde mit dem Schorsch dann tanze.
Ihr guckt dann dabei zu,
denn ich mache einfach die Aache zu!"

„Dout deer dein Danzpartner nitt gefalle,
da kannste aafach die Aache zouhalle!"

## Bei Debos änn der Fallbornseck

Beim Debo änn der Fallbornseck,
da blieb deer einst die Spucke weg.
Do hibbte deer die „Flieh“ äns Dibbe,
do musste erscht die Sopp dorchsibbe.
Unn haoste dott emol vergesse,
hoste se aafach metgefrässe!
Bei Debos änn de Fallbornseck,
doo worn die Alde oft noch keck,
dej sänn jo baal äm Knast gelandt,
denn dej hunn äm Kriech „Schnaps“ gebrannt.
Dej Bruih aus „Zuckerruiwe un Gedoffelkraut“,
dej hott su mancher ze schnell verdaut.
Doch dott Delirium, dott wor schie – noor – dott Rezept,
dott gibt’s nittmieh nochamol bei Debos änn der Fallbornseck.
Änn de Fallbornseck,
do krooch mer äm Kriech en schiene Schreck.
Doo kom de Qualm ausem Dachfiester raus, „
et brinnt – et brinnt do vorne änn dem Haus!“
Dobai hott mer offem Spaacher die Worscht gekocht,
weil mer en Sau – hott schworz geschlocht.
Beim Debo änn de Fallbornseck,
do stinke vuu weitem schun die „Beck“.
De Oba iss mett dem Gasje do nänn,
do sänn zesumme gelaafe alle Känn!
Worim derf mer nitt gucke, hunn se gesoot:
„Wott hott bluus de Bock met dem Gasje gemoocht?“

## Das „Wild(e) Schwein“

Nach der Gesangstunde bei Pauls traf man sich zum Stammtisch beim „Igge“, der Wirtschaft auf der Kreuzgasse. Meistens waren es etwa acht bis zehn Sänger der Harmonie, die hier zusammen kamen.

Der damalige Vorsitzende Martin Becker, der Dirigent Ferdinand Dernbach senior, der Becker Jupp (Hobby-Jäger), der Becker Albert (ebenfalls Hobby-Jäger), Gerhard Jung-Diefenbach der Bass und noch einige mehr. Spät nach Mitternacht verabschiedete man sich noch mit einem Lied und schwankte nach Hause.

Gerhard Jung-Diefenbach nahm den kürzeren Weg über das Kleinfeld, denn er wohnte unter dem Wegkreuz in der Bahnhofstraße.

Doch was hörte er da? Er ging vorsichtig den Grasweg in Richtung Wäschbach und Wingertsberg weiter und das Geräusch wurde deutlicher.

Zweifellos war dort eine Wildsau, vielleicht hatte sie auch noch Frischlinge dabei. Eine höchst gefährliche Sache. Als er auch noch etwas schweinegroßes sich bewegen sah, war ihm klar: eine unberechenbare Wildsau mit Jungen, mit der nicht zu spaßen ist.

Erschrocken und verängstigt lief er zurück zu seinem Freund Becker Jupp und holte ihn aus dem Bett. Zusammen mit dem Becker Albert, den sie ebenfalls noch aus den Federn holten, gingen sie mit Gewehren bewaffnet und schlotternden Knien zu der besagten Stelle am Waldrand.

Als man das Grunzen des Wildschweins vernahm, ging man in Deckung und schlich sich vorsichtig in Schussposition an den Feind heran.

Inzwischen war der Mond hinter den Wolken hervorgekommen und beleuchtete die ganze Szenerie.

Das vermeintliche Wildschwein entpuppte sich zur großen Erleichterung der Jäger als harmloses Hausschwein.

Man trieb es in eine eingezäunte Viehweide und machte sich auf den Heimweg.

Anderentags stellte sich heraus, dass das Schwein von Reinhold Thomas, Albanusstraße, ausgebüchst war.

## Vater und Sohn

Wenn Vater und Sohn gemeinsam im Auto fahren,

ist das meistens keine günstige Konstellation.

So auch in Lindenholzhausen.

Fährt der Vater – lächelt der Sohn,

sitzt aber der Sohn am Steuer, moniert der Vater:

„Wie du fährst – da fliegen die 5 Mark-Scheine zum Auspuff raus!“

Darauf der Sohn: „Danke für den Tipp, dann binde ich grad‘ einen Sack davor!“

Bei den heutigen Dieselpreisen,

würden die zwei besser nicht zusammen verreisen!

*Sackstraße 1987 – gezeichnet von Franz Rompel*

*Sackstraße 1997 – gezeichnet von Winfried Jung*

## Auf hoher See

Auf hoher See, bei Donner und Blitz, gilt die Redensart vom Kapitän: Ich werde die Sonne anschießen!

So sagte auch dieser Kapitän bei hohem Seegang und Blitz zu seinem Bordelektriker, unserem Zowels Paul: „Paul, schieß mal die Sonne an!"

Paul sprach zu seinem Adjutanten: „Hol mir mal das Besteck!"

Gemeint war der Sextant zur Bestimmung der Position aus dem Sonnenstand usw.

Zurück kam der Smutje aber mit Messer und Gabel ...!

Fazit:

„Mit Messer und Gowell kannst de Schnitzel esse, owwer nitt die Position bestimme!"

## Paul als Schuljunge

Klein Paul (Zowels Paul) ging im Krieg bei Bombenalarm,

mit der Handtasche in den Luftschutzkeller.

Auf die Frage, was er wohl in der Handtasche hätte,

antwortete Klein Paul: „Das sind Omas Akten!“

## Die goldisch Krott

Enn klaa goldisch „Krott“, hott noch im Laafstall gesässe,
merr hott dott Känd zwor nitt vergässe,
doch woat wor off aamal e’loo,
doo looch doch en 10-Pfinnich-Grosche doo!

Dej „Krott“ wor off aamol wie de Blitz,
unn holt sich de Grosche aus dem Ritz.
Stobbt sich denselwe enänn änn die Schniss,
ob de noch emol rauskimmt, iss ungewiss!

Die ganz Familie wor offgereecht, wot die Krott jetzt mit dem Grosche mecht.
De Doktor soot: „Ist halb so schlimm, der ist ja erst im Magen drin!“

Noo drei Dooch do iss et bassert, do kom der Grosche rickwärts rausmarschert.
Doch wot wor dott – ei der Daus,
do koom jo noor en Fünfer Pfinnich raus!

Doo hott doch dej klaa Mood, det Geld gewechselt wie en Automat.
Doch de zwaate Fünfer, dott wor schlämm, dee iss bäss heut bestimmt noch dränn!

„Verschluckste en Grosche - spuck en schnell aus,
äm End kimmt nur ein Fünfer raus!“

## Der Waaner Funs

Ein Original war auch der Waaner Funs, der Bruder vom Waaner Leo. Die besondere Originalität lag ihnen im Blut.

Der Waaner Funs hat sich so manches Kunststückchen geleistet.

Vor allem nahm er sich die Freiheit, einige Jahre ohne Führerschein Motorrad oder Auto zu fahren. Die TÜV-Plakette hat er sich selbst gemalt und wurde damit noch nicht einmal erwischt. Das war abenteuerlich und suchte seinesgleichen.

Er hatte wie sein Bruder Leo, schlechte Augen, womit er vieles entschuldigen konnte.

Eine Zeitlang hatte der die Sportklause als Wirt gepachtet. Dort war immer was los.

Wenn ein Gast sich nicht zu benehmen wusste, so packte ihn der Wirt am Kragen und setzte ihn auf die Gass!

Beruflich arbeitete der Waaner Funs auf dem Bau. Bekannt war er für seine spezielle Arbeitsweise, denn mit seinen großen Händen überholte er selbst den besten Maurer.

Er benutzte statt der Traufel eine große Schippe, an der der Stiel abgekracht war, und kippte damit den Speis (Zementmörtel) dirckt auf die Mauer. Im Nu hatte er eine ganze Reihe Steine gesetzt, so dass mancher Bauherr über diese Geschwindigkeit staunte.

Leider hatte der Funs ein schweres Krankenlager, bevor er starb.

Er war im ganzen Dorf zu einem Begriff geworden.

Es gibt von ihm so einige Geschichten.

## Der Waaner Leo

Ein Original schlechthin war auch der Waaner Leo.

Ein hervorragender Geschichtenerzähler, Fassenachter, Schauspieler und Sänger mit einer tiefen Bassstimme.

Oft hat er bei seinen Vorträgen über sich selbst gelacht, das war einfach köstlich!

Bei all seinen Aktivitäten ist ihm so mancherlei passiert.

Der Leo war, obwohl er als Bauer auf dem Feld, im Stall und mit dem Schlepper zu Gange war, sehr eitel. Ohne „Haarspray" ging er nicht aus dem Haus oder zur Kirche.

Eines Tages wollte er wieder zum Gottesdienst.

Er kam aus dem Stall, schnell umgezogen und dann, die Frisur muss sitzen.

Er griff nach der Spraydose, worauf stand „Doppelspray". Doppelt hält besser, dachte er. Er sprühte, was das Zeug hielt. Die Glocken läuteten und er wollte in die Kirche - doch was war das?

Leo hatte sehr schlechte Augen. Statt Doppelspray stand eine Dose „Opelspray" auf der Fensterbank, welches sein Bruder am Vortag benutzt, und dann dort abgestellt hatte.

Die Haare, die Stirn, alles war weiß und das ging nicht ab.

Die Lidwina, seine Frau, holte die Schere und zack zack war die ganze Haarpracht abgeschnitten. Das war die einzige Lösung!

Fazit:

„Hoste nitt die Brill gebotzt, hoste schnell die falsche Dos benotzt!"

## Das Wurstbrot

Ein junger Zecher kam aus der Kneipe spät in der Nacht und wankend nach Hause.

Er hatte dem Alkohol reichlich zugesprochen, so dass er einen großen Hunger verspürte.

Gesagt getan! Er wollte sich ein Brot machen und schaffte Butter und Salami herbei.

Da er seiner Sinne nicht mehr ganz mächtig war, schlief er unter dem Tisch liegend ein. Am Morgen wachte er auf und bemerkte folgendes:

Er hatte die Tischplatte mit Butter beschmiert und mit Salami belegt, aber das Brot, das hatte er vergessen!

„In de Nuht, schmeckt die Worscht ach uhne Brut!“

## Bierkasten Wette

Seemann Paul lag auf einem großen Schiff in Kiel vor Anker.

Mit dem Kapitän hatte er gewettet, um einen Kasten Bier.

Er garantierte, dass er am nächsten Tag eine Nonne umarmen würde.

Das nahm ihm der Kapitän nicht ab, auf keinen Fall. Die Wette galt!

Am Tag danach machten sich die Beiden auf die Pirsch, Seemann Paul wollte gezielt in ein bestimmtes Krankenhaus in Kiel, wo er eine Nonne aus Lindenholzhausen kannte.

Doch das blieb dem Kapitän verborgen. Dort angekommen gab es eine stürmische Begrüßung und natürlich die versprochene Umarmung!

Der Kapitän schlackerte nur so mit Armen und Beinen, denn damit hatte er nicht gerechnet. Die Wette war für ihn verloren!

## Die letzte Ölung

Der Pfarrer wurde zu einer schwerkranken bettlägerigen Frau gerufen, um ihr die letzte Ölung zu spenden. Er nahm sich einen Stuhl und setzte sich zu ihr ans Bett.

Als die Prozedur beendet war, gab er der Sterbenden den letzten Segen und wollte sich verabschieden. An der Tür drehte er sich nochmal um.

In dem Moment richtete sich die Frau auf und sagte:
„Mann Gottes, stell den Stoul widder richtig hie!“

„Bäste feer de Himmel änn de Reih,

muss erscht alles in Ordnung sei!“

# Der Waaner Funs als Arzt

Zu der Zeit, als der Waaner Funs in der Sportklause tätig war, als Wirt versteht sich, hatte er einen Gast oder auch Freund und der war Arzt.

Aus Spaß hat er dem Wirt oft die Gaststätte ausgekehrt. Der Waaner Funs wollte sich erkenntlich zeigen und machte bei nächster Gelegenheit eine „Ersatz-Visite" für besagten Freund im Krankenhaus aus.

Die Sache war ausgeheckt und der Waaner besorgte sich einen weißen Kittel und die nötigen Utensilien.

So ging er dann in die verschiedenen Krankenzimmer und stellte sich als „Dr. Mayerhofer, Kapazität aus Heidelberg" vor.

Die Patienten waren sehr vertrauensvoll und erzählten dem Prof. Dr. all ihre Beschwerden und Wehwehchen sowie von diversen Krankheiten.

Der Waaner Funs mit seinem schauspielerischen Talent überzeugte die Patienten und sprach ihnen Mut zu, mit guten Ratschlägen und irgendwelchen Tipps!

Mit ernster Miene absolvierte er einige Zimmer, bis er in ein Krankenzimmer kam, in dem eine Patientin aus LinneHollesse lag.

Jetzt war der Spaß vorbei und der Waaner Funs gab sich ertappt.

PS:

„Ein falscher Doktor, den keiner kennt, braucht kein Studium, aber viel Talent!"

## Waaner Funs mit dem Bollerwagen

In späteren Jahren, im Ruhestand beschäftigte sich der Funs damit, auf Kinder in der erweiterten Familie seiner Nichten und Neffen aufzupassen. So sah man ihn des Öfteren mit dem Bollerwagen, bepackt mit den kleinen Gesellen, durch das Dorf fahren.

Da seine Augen sehr nachgelassen hatten, nahm er bei der Fahrt so manchen Pfosten im Streifzug mit, was für die Kinder nicht ungefährlich war.

Eines Tages war der Waaner wieder mal zu rasant um eine Ecke gefahren, so dass der Bollerwagen mit allem darin umkippte und einen seiner Schützlinge mitschleifte.

Der Fahrer bemerkte erst nach gewisser Zeit, dass etwas ins Stocken geraten war, drehte sich um und sah die schöne Bescherung. Seelenruhig hob er den Kleinen von der Straße hoch und sagte: „Iss wot bassert?"

Derselbe zuckte nicht mal mit der Wimper und äußerte sich: "Nee, es iss alles gut!"

„Mit dieser Aussage aus Kindermund ist besagt – der Junge ist kerngesund!"

## Waaner Funs und der Hausverkauf

Der Waaner Funs war auf dem Bau der Fachmann und baute für sich selbst zwei Wohnhäuser. Später hat er ein Haus verkauft und somit das entsprechende Geld dafür eingenommen. Der Fiskus verlangte natürlich seinen Obolus dafür. Er sprach auf dem Finanzamt vor und beteuerte, dass er nichts bezahlen würde und auch nicht kann.

Er teilte dem Finanzbeamten mit, er hätte das ganze Geld eingesetzt und verspielt, bei ihm wäre nichts mehr übrig.

Die Beamten ließen sich tatsächlich darauf ein und der Waaner brauchte nichts zu bezahlen.

## Waaner Funs macht Autotausch

Als Junggeselle war es logisch, dass der Waaner Funs für sich selbst einkaufen musste. Er fuhr mit seinem alten Ford ins Kaufland und lud die eingekauften Sachen in den PKW, setzte sich ans Steuer und fuhr los.

Zu Hause räumte er wieder aus und merkte plötzlich, dass das Auto, welches er ausgeladen und mit dem er nach Hause gefahren war, gar nicht sein Auto war. Unglaublich, dass er das nicht gleich gemerkt hatte. Vor allem unglaublich auch, dass der Schlüssel passte!

Was nun? Er setzte sich seelenruhig wieder ans Steuer und fuhr den Wagen zum Kaufland Parkplatz zurück und stellte ihn ordnungsgemäß wieder dahin, wo er gestanden hatte. Dann setzte er sich in sein eigenes Auto, welches da stand wie gehabt, und fuhr damit nach Hause. Der Besitzer von dem anderen Wagen hat wohl von all dem nichts mitbekommen!

„Steigst de in de falsche Ford, fahr en besser wieder fort!“

## Waaner Funs und das halbe Schnitzel

Als Wirt in der Sportklause war der Funs erste Klasse,

da hat der nix verkomme lasse.

Zu der Zeit, da war was los,

da warn die Schnitzel wie der Teller so groß.

Gar mancher Gast, der hat schwer gedrückt

und gab die Hälfte wieder zurück.

Das war für den Wirt ärgerlich,

er sprach: „Die warn doch frisch!“

Wott sänn da dott feer Bosse,

bei meer wätt naut verkomme losse!“

Sprachs und setzt sich in die Kich,

„die anner Hälft, ei die ess ich!

## Eine Liebe zwischen Westerwald und Goldenem Grund

Auf dem Westerwald gab es eine ledige Frau, nicht mehr ganz so jung, aber sehr tüchtig und fleißig. Sie sorgte für ihren Vater, für Haus und Hof; und manchmal war ihr alles zu viel.

Eines Tages war sie mit dem Kuhgespann im Feld am ackern. Die Kühe waren an dem Tag besonders störrisch und ließen sich schlecht lenken und leiten.

Die gute Frau geriet in Rage, schmiss die Leine hin und rief lautstark:

„Der erste Beste, der jetzt daherkommt, der wird geheiratet!"

Das hörte der Nachbar, dessen Tochter nach Linnhollesse verheiratet war.

Da kam ihm der Gedanke Vermittler zu spielen. Er heuerte in Linnhollesse ein paar Burschen an. Mit einem Fässchen Bier ging es auf den Westerwald.

Einer der Kandidaten war auf der Suche nach einer passenden Frau. Das Fässchen wurde angezapft und die besagte Frau begutachtet. Bei Tanzmusik kam man sich näher und tatsächlich hat es gefunkt.

Den ersten Besten zu heiraten, hatte sich bewahrheitet und die Frau kam hier nach Hollesse.

Sie lebte zufrieden und glücklich bis ans Ende ihres Lebens mit ihrem Mann!

## Baufirma Willibald Rompel (Frankfurter Straße)

Adam Brahm, Frankfurter Straße, und Willibald Rompel kamen erst 1948, als letzte aus russischer Gefangenschaft zurück in ihre Heimat.

Willibald war ein Mann, der durch Krieg, Gefangenschaft und durch Geburt (er war „Scholthese-Dicker“) geprägt. Ein rauer Kerl mit weichem Herzen und immer hilfsbereit.

Er gründete das Baugeschäft Willibald Rompel.

In den Anfängen sah man ihn mit seinem Fox-Motorrad auch mal mit zwei, drei Sack Zement vor sich auf den Tank zu den Baustellen fahren.

Später dann, mit dem PKW, mit zwei Personen im offenen Kofferraum, die eine Speismaschine hinter sich her zogen.

Oder er fuhr den Speis in einer großen Bütt im Kofferraum seines PKW auf die Baustellen. Er hat also klein angefangen, bis er dann später mit größeren Mengen in Vorlage gehen konnte.

Meistens hat er selbst ordentlich mit angepackt; und Anekdoten lieferte er einige.

In dieser Zeit wurden viele Häuser in „Nachbarschaftshilfe“ (Schwarzarbeit) gebaut. Wenn es bei dem einen oder anderen mal nicht weiter ging, war Willibald sich nicht zu schade, auch jenen mit Rat und Tat weiter zu helfen. So war er ...

An einer Baustelle in Mainz fehlte es an Beton. Willibald und sein LKW Fahrer Albert Stauber beluden flugs das Auto mit Beton und machten sich auf den Weg Richtung Mainz.

Vor Wiesbaden stoppte sie eine Polizeistreife. Es entwickelte sich folgender Dialog:

- Polizei: Fahrzeugpapiere.
- Albert Stauber: Bitteschön.
- Polizei: Sie wissen, dass sie weit überladen haben.
- Albert Stauber: Die brauchen in Mainz dringend Beton und da haben mein Chef und ich bei der Beladung nicht so auf das Gewicht geachtet.
- Polizei: Haben sie denn ihren Chef nicht auf die Überladung aufmerksam gemacht?
- Albert Stauber: Nein, mein Chef duldet keine Widerrede, dann wird er grob und komisch.
- Polizei: Dann fahren sie nun vorsichtig weiter und sagen ihrem komischen Chef, das war einmal. Beim nächsten Mal gibt es keine zugedrückten Augen mehr.

Nun trat Willibald, der auf dem Beifahrersitz saß, in Erscheinung.

Mit lauter Stimme sagte er: „Ich bin der komische Chef!"

Zitat Ende – aber auch das Ende der Fahrt.

Es musste ein zweiter LKW her, der dann die Zuladung übernahm.

Ein toller Mensch, es gäbe noch manches zu berichten.

## Willibalds Franz auf dem Bau

Auf dem Bau geht es nicht nur sanft zu. So auch beim Bauunternehmer Willibald Rompel.

Bei Gesprächen zu technischen Problemen und nötigen Lösungen war oft sein geradezu philosophischer Wahlspruch:

„Ämm Bau is nitt wie in de Schul, ämm Bau muss mer dinke!“

Das hörte sich mehr als einer der Schüleraushilfen an, die sich bei Jobs in den Ferien ein paar Mark verdienen konnten.

Der Senior selbst war aber auch ein origineller Mensch, sozusagen „raue Schale, weicher Kern“.

Ein andermal war er mit einem Jungspund damit beschäftigt, mit bloßen Händen Moniereisen mit Draht zu verrödeln.

Als die anstrengende Arbeit beendet war, sah er, dass der Junge eine Kneifzange in der hinteren Hosentasche stecken hatte, die man gut hätte gebrauchen können.

Er brüllte: „Host dau da die Zunge äm Arsch!!!“

PS:

Findste deine Kneifzang nicht, ei dann brauchste se ach nicht!

## Willibalds Franz junior

Willibalds Franz stand, was Originalität betrifft, seinem Vater, dem Senior, in nichts nach.

Selbstbewusst und zu allen Taten bereit.

Folgende Geschichte hat er selbst beim Jahrgang zum Besten gegeben.

Er hatte einst mal einen kleinen Rausch gehabt. Unglücklicherweise war er an der Bahnschranke in Limburg, da wo jetzt der Tunnel ist, mit seinem PKW hängengeblieben.

Es kam zu Verhandlungen mit Offiziellen, wobei er am Ende zu einer Geldstrafe verdonnert wurde.

Franz als selbstbewusste Person weigerte sich die Geldstrafe anzunehmen, sprich zu zahlen. Im Gegenzug wolle er lieber zwei Wochen Knast absitzen. Seinem Begehren wurde stattgegeben und er musste zwei Wochen im Knast Tüten kleben.

Zu Hause erzählte man sich, er sei im Urlaub auf „Mallorca“, damit es keiner mitbekam.

## Willibalds Franz beim Bau vom Bürgerhaus

Beim Bau vom Bürgerhaus in Hollesse war die Firma von Willibald integriert.

Bei der Einweihung des Neubaus waren alle Honoratioren der Stadt und des Kreises vertreten, sozusagen ein besonderes Ereignis.

Entsprechend war alles festlich gekleidet, um dem Anlass gerecht zu werden.

Willibald senior war natürlich auch der Einladung gefolgt.

Er kam mit einem guten Anzug, hatte aber scheinbar nicht die nötige Zeit gehabt, die guten Schuhe dazu anzuziehen. So hatte er noch die „Pantoffel“ an den Füßen …

Auf diesbezügliche Fragen bemerkte er ganz ruhig:

„Dott iss doch dene Schlappe egool!“

PS:
Dee Willibald, dem Franz sein Babbe, koom doch tatsächlich met de Schlabbe!“

*Neue Pfarrkirche + Vehlener Straße 1986/87 – gezeichnet von Franz Rompel*

## Petticoat

Willilbald Rompel fuhr mit Albert Pörtner („Pörtner-Albert“) in seinem Mercedes zu einer Baustelle. Aus dem Kofferraum ragte eine lange Leiter heraus – eine rote Fahne fehlte natürlich.

In einer Kurve überholten sie eine Radfahrerin.

Besorgt fragte Willibald Albert: „Albert, hummer se kreit?“

Albert: „Ma-Ma-Ma-Ma-Ma-Ma-Master, ei-ei-ei-ei-ei-eich was et nit“.

Einige Tage später kam die Rechnung über ein Petticoat.

Daraufhin Willibald zu Albert: „Albert, mer hunn se doch kreiht“.

## Geldscheine flattern auf der Straße

Willilbald Rompel holte wie üblich seine Rente bei der Post ab.

Leider waren alle Fenster des Mercedes geöffnet, so dass sich die auf der Rückbank liegenden Scheine während der Fahrt deutlich reduzierten.

Ehrliche Lindenholzhäuser Bürger brachten einen Großteil der Rente wieder zurück.

## Unterirdisch

Etwa im Jahr 1974 wurden in Lindenholzhausen neue Gasleitungen gelegt. Überall im Ort waren in den Straßen Gräben aufgerissen.

Albert Pörtner („Pörtner-Albert"), Arbeiter bei der Firma Rompel und langjähriger Zeitungsausträger für die „Nassauische Landeszeitung" war dafür bekannt, auf keinen guten Tropfen zu verzichten. Eines Tages kam er zu seinem Chef und der Juniorchef Franz fragte ihn: „Bäste da gout hammkomme?"

Albert sagte: „Ma-Ma-Ma-Ma-Ma-Ma-Master, un-un-un-un-un-un-unnerirdisch".

## Ungerührt angerührt

Etwa 1964 stand ein nagelneuer Mercedes noch mit tollen Heckflossen im Hof der Firmenzentrale in der Frankfurter Str. 11. Der neue Wagen gehörte Willibald Rompel und sollte das neue Baufahrzeug werden.

Zur „Einweihung" des Wagens wurde in einer für den Kofferraum des Wagens hergestellten Kunststoffwanne erstmal ordentlich Sand aufgescheppt, Kalk, Zement und Wasser beigemischt und dann auf diese Art ordentlicher, ehrlicher Speis angerührt, denn der musste zur Baustelle gebracht werden.

Mit geöffnetem Kofferraum und herausragender Speisschippe ging es dann über die Landstraße.

Quelle:

Aus dem Wochenbericht von Dieter Berghausen (Raupenfahrer bei Fa. Willibald Rompel): „Dienstagvormittag nach Camberg geraupt"

## Der Freier

Änn de fuffziger Johr'n,
gobs äm Dorf noch kaa Kanalisation.
Do läif det Spuilwasser die Gass nunner,
do worn manchmol noch poor „Soppenulle" drunner.
Endlich wor det ganze Dorf offgerowe,
und de Kanol do dorsch geschobe.

Eines Doochs iss wott bassert.

De Jupp unn de Schickel hoatte off de Dreschmaschin vill Staab geschluckt,
un do denoo bissje däif äns Glos geguckt.

De Jupp wollt sei Madje besuche,
iwwer de Kanolgrowe spränge wollt' de versuche,
dott hott ower iwwerhaupt nit geklappt,
doo iss de met Socke und Strimb äm Schlambes versackt.

De Schickel soot, wott soll da jetzt wänn,
meer wunn bei dott Madje äns Haus enänn.
Die Mutter stann do unn wor entsetzt
„Wu hoste deich da do enänn gesetzt?"
De Jupp soot: „Läib Fraa, loss mich enänn,
odder ich komme wirrer, wänn ich sauber bän!"

Fazit:

„Fälsst de änn den Schlambes, gih nit off die Frei, et kinnt imsonst gewese sei!"

## Sommerspiele 1980 bei Kasteleiners

Unser Markus war vier, sein Bruder Frank zweiundeinhalb Jahre älter. Die meiste Zeit am Tag waren sie in unserem Hof in der Schulstraße unterwegs; es gab für sie immer etwas zu tun.

Das Wohnhaus der Familie Rompel (Schickels), Berthold, Zita, Maria und Jürgen stand gegenüber von Müllners Haus in der Schulgass. Neben Rompels befand sich damals eine große Wiese und daneben stand noch die alte Schule.

Meine zwei Buben spielten oft verstecken im Hof der alten Schule oder waren auf der Wiese zugange. Von meinem Küchenfenster aus konnte ich sie beobachten und hatte sie meist im Blick.

So auch an einem Montag, am Tag zuvor hatte es geregnet. Die Zwei sprangen auf der noch nassen Wiese mit ihren Gummistiefeln herum und schaufelten mit Schippchen und den Händen die nasse Erde aus dem Boden.

Ich war mit Essen vorbereiten beschäftigt, plötzlich hörte ich Schreie und Hilferufe „Mama, komm, komm!"

Ich lief hinaus und sah zwei kleine Kerle, die wie Max und Moritz mit breit ausgestellten Armen und Beinen im Schlamm steckten und um die Wette schrien. Sie hatten mit Gras, Dreck und Wasser eine Art Speis gemacht und diesen in ihre Stiefel gefüllt. Nun war es eine dicke Pampe, aus der die Füße nicht mehr rauskamen!

Maria Rompel hatte das Geplörre auch gehört und kam angerannt. Als sie die Bescherung sah, sagte sie : „Mir zwaa kreije dej Füißjer nitt do raus; aisch holle de Uhe baj“.

Werner Uhe's Werkstatt war ja gerade um die Ecke in der Stiegelstraße und er kam auch sofort mit.

„Do hilft nor offschneire“, sagte er ganz ruhig und schmunzelzte, „dej klaane Baa solle jo haal bleiwe“.

Gesagt – getan. Die Stiefel wurden fachmännisch von Werner mit einer Schere aus dessen Werkstatt vorsichtig zerteilt. Die Kindertränen waren schnell getrocknet und ich trug die zwei total verdreckt in unseren Hof, rief dabei: „Ihr Säu!“ und spritzte sie dann ab.

Noch einmal haben sie so was nicht mehr gewagt, aber wir haben im Nachhinein noch oft an alle Beteiligten gedacht und lachen noch heute darüber. Natürlich können sich Markus und Frank angeblich an nichts mehr erinnnern ...

## Wirt in der Kirchfelderstraß

Es gab ein Wirt in der Kirchfelderstraß,
dort wurde oft Freitagsabends das Wochenende begonnen mit manchem Mass.

War dann die Stimmung zu später Stund gut gelungen,
kam oft ein Student und hat mit den Gästen Studentenlieder gesungen.

Vielleicht kennt noch einer den Pappenheimergesang,
das Lied hat viele Strophen und ist folglich lang.

Nach jeder Strophe, so kann man sagen,
verschwand ein Teil der Kleidung, die man getragen.

Und je später der Abend, da war mancher schon besoffen,
hat man dann die Männer oft in Unterwäsche angetroffen.

Das hat den Frauen daheim natürlich nicht gepasst
und da hat eine Frau den Vorsatz gefasst.

Jetzt schreite ich ein und verkünde dem Übeltäter,
versammel deine Pappenheimer nie freitags, sondern einen Tag später.

Weil Samstags hat mein Mann frische Unterwäsche an,
in der er sich von mir aus zeigen kann.

## Beichten für Männer

Früher war alle vier Wochen Beichten für Männer angesagt,
dann wurden die Sünden vom Pfarrer erfragt.

Ein Mann wurde von seiner Frau in die Kirche beordert,
weil sie mit Nachdruck seine Beichte hat gefordert.

Nach der Beichte wurde er freigesprochen,
weil er hatte nichts Schlimmes verbrochen.

Mach Dir keine Sorgen, war dann des Pfarrers Satz,
im Himmel hast du einen Platz.

Ich will aber in die Hölle, tat er nach zögern dem Pfarrer gestehen,
dort kann man doch bestimmt die leichten Mädchen sehn.

## Der Patient

Ein Mann an den man gerne hat gedacht,
weil er uns jahrelang in aller Früh die Zeitung hat gebracht.

Er war tagsüber auf dem Bau beim Willibald
oder fuhr mit Traudts August übers Land.

Dann hat ihn eine Grippe ins Bett getrieben
und er wurde vom Dr. Fiedler krankgeschrieben.

Nach drei Tagen fühlte er sich wohl und wollte wieder raus,
stand deshalb kurze Zeit später mit einem Spaten vorm Haus.

Doch dann hatte er ein großes Maleur,
vor dem Haus stand der Krankenkontrolleur.

Der fragte den Mann: „Wo find ich den Patient?“
Man hat mich zur Kontrolle von der Krankenkasse bestellt.

Jetzt war der Mann mit dem Spaten aber ganz schön schlau
und sagte: „Der liegt im Bett und seine Frau …

... ist gerade unterwegs um Arznei zu holen.
Der ist schwer krank und muss sich noch erholen.

Ich kann Ihnen sagen, der kann nichts dafür,
der ist zu krank, um Ihnen zu öffnen die Tür.“

Dann ging der Krankenkontrolleur wieder von dannen
und der Genesene konnte sich wieder entspannen.

## Gret und Kat auf großer Reise

Gret und Kat wollten mal auf Reise gehn,
hinaus in die weite Welt und ferne Lande sehn.

Von den Italienern war man angetan,
also stand nun Rom auf dem Reiseplan.

Gret buchte die Unterkunft vor Ort
und so ging´s dann im September fort.

Die Anreise war schon chaotisch genug,
in Italien streikten Nahverkehr und Zug.

Mit vielen Umwegen kam man endlich an
und dort das Riesen-Entsetzen dann.

Die Kinder waren müde, die Zimmer nicht frei,
keine Übernachtung für diesen Zeitraum gebucht sei!

Ei der Daus, was war denn nun geschehen?
Wer hatte denn da was übersehen?

Ein Monat zu früh man angereist war
und nun war man zum falschen Zeitpunkt da.

## Schorsch und Seppl in der Scheuer

Es war einmal vor etlichen Jahren,
da hat sich folgendes zugetragen:

Seppl und Schorsch waren in der Scheuer
und zechten dort oben im alten Gemäuer.

Der Alkohol floss bis tief in die Nacht,
nur die Fledermäuse hielten noch wacht.

Dann musste der Seppl auf die Toilette gehn,
nach unten zu steigen, war zu unbequem.

Also pinkelte er in die Saubornflasch rein
und schlief danach auch friedlich ein.

Monate vergingen ungelogen,
als die Gruppe sich traf am gleichen Ort oben.

Das Gretje hatte Durst so nach einiger Zeit
und ne Saubornflasch stand in ner Ecke nicht weit.

Ein kräftiger Schluck – ein kurzes Verwirren,
die Flasch ging an Schorsch „Willste auch mal probieren?“

Der Schorsch trank noch mehr und spukte dann aus.
„Das schmeckt ja wie Pisse – ei der Daus“.

Gretje stimmt zu und lächelte fein.
„Ich wollte nicht der Einzige sein“.

Und die Moral von der Geschicht:
Von alter Pisse stirbt man nicht!

*Lubentiusbrunnen + Lindenmühle 1987 – gezeichnet von Franz Rompel*

## Vorstandsausflug

En große Mann aus unserem Ort,
fuhr mit dem Vorstandsausflug fort.
Es ging zum schönen Rheingau hin,
ne Straußwirtschaft war uns im Sinn.

Bei der Frau Wirtin kehrt man ein,
gespeißt wurd dort nit wie daheim.
Und weil der Borsch nur Schnitzel isst,
die Speisekart ihm ein Greul ist.

Das hat er auch der Wirtin gesacht,
die hot herzlich drüwer gelacht.
Sie sind en Kerl, so wie mein Mann,
und guckt en dann ganz spöttisch an.

Mein Mann ist auch en verwöhnter Esser,
der is en richtische Fleischworschtfresser.
Do hot der Alfred der Fraa gesacht,
dass Fleischworscht ihm auch Freude macht.

Da wurd die Wirtsfrau aber flott,
ne Fleischwurscht ihm geholt se hot.
Die wurde dann schnell warm gemacht,
damit der Fred uns nit verschmacht.

Auch Bratkartoffel und Brot dazu,
jetzt wor de Dernbachs Alfred fruh.

## Sängerwettbewerb Watzenborn

Beim Chorwettbewerb in Watzenborn,
da lag die Cäcilia wieder vorn.
Gefordert von den Dehrner Raaben,
und die nur den Zweiten bekamen.

Die Dehrner Freude war nit groß,
das Vorhaben, das gin in die Hos.
Sangesmäßig einwandfrei,
durch die Jury zog man vorbei.

Der Heimweg nit so einfach war,
drei Sängern von uns wurd es gewahr.
Begaben sich an den Ausstiegsfleck,
doch der Bus der war schon weg.

Die Herren waren nicht aus Pappe,
und taten schnell die Situation bedappe.
Der Seppel sprach mit flotter Zung,
do steht de Bus von Staudt mein Jung.

Die Staudter nahme uns dann mit,
im Bus erklang manch Sängerhit.
Kochs Albert, Seppel, Zimmermann,
die kamen gut zu Hause an.
Auch die Heimreis fand ich schön,
ich sag den Westerwäldern Dankeschön.

## Reise ins Pustertal

Der Steve, der sagte im Vorstand mal,
kommt lasst uns reisen ins Pustertal.
Der Vorstand sehr begeistert war,
und auch die große Cäciliaschar.

Im Sommer hat man sich getroffen,
und eine schöne Fahrt beschlossen.
Und weil dem Steve die Bergwelt gefällt,
hat er uns auch diese vorgestellt.

Schon um 3:00 Uhr morgens ging die Reise los,
die Freude bei allen riesengroß.
Auch viele, die mit uns in Afrika warn,
die sind nun wieder mitgefahrn.

Nach vielen Stunden dann,
kamen wir im Pustertal an.
Das, was einem halt immer gefällt,
die schönen Almen und die Gipfelwelt.

Am Sonntag dann haben wir in der Messe gesungen,
mit Ulrich war uns ein Highlight gelungen.
Die Kirche war proppenvoll,
der Bischof und der Pfarrer fanden es würdevoll.

Und am Ende nach dem kirchlichen Segen,
haben wir für die Tiroler noch ein Ständchen gegeben.
Beschenkt mit kräftigem Applaus,
ging es dann traditionell zum Frühschoppen raus.

Am anderen Tag ging`s zur Dolomitentour,
ein Dreitausender nach dem andern, wir staunten nur.
In St. Ulrich sind wir dann angelangt,
wo wir vor 40 Jahren schon einmal mit dem Schaa warn bekannt.

Ein weiterer Höhepunkt ist dort bekannt,
es wird bei den Tirolern Törggelen genannt.
Eine schöne Bauernstub stand bereit,
uns zu kredenzen manch Köstlichkeit.

Und zünftig spielte die Musik dazu,
aber eins ihr Leut, das war der Clou.
Wir haben den Tirolern unsre Kirmeslieder angestimmt,
und horscht jetzt zu, der Hammer kimmt.

Ich sagte dem Rudi,
geh nach draußen geschwind,
da sich zum Einzug - oh Schreck oh Graus,
sich find kein Hammel auf der Wiese drauß.

Der Rudi hat nit lang nachgedacht,
und hat den Hammel dann selbst gemacht.
Mit bunten Bändern wohl geschmückt,
ist er dann in die Weinstubb eingerückt.

Auf allen vieren kroch er herein,
ihr Leut es konnt nicht schöner sein.
Ich sage Euch hier ganz ungelogen,
vor Lachen haben sich die Cäcilianer gebogen.
Zum Schluss ihr Narren kam der Hollesser Hit,
wir dankten dem Wirt mit „Ei kinnste meisch da nit?“

## Kirmesbursch sind lustge Brüder

Die Kirmesvorbereitung im vollen Gange,
es dauert nit mehr allzulange.
Man malte Schilder in voller Pracht,
Reklame wurd damit gemacht.

Mer schmeißt die Schilder off die Roll,
zum Ortsrand ging`s hinaus wie doll.
Die Burschen waren voller Eifer,
jedoch kam es zum Übereifer.

Man setzte den großen Bohrer an,
damit ein Loch man bohren kann.
Der Bohrer dreht sich rein wie Schnuff,
es gab einen Knall, ein großer Puff!

Der Rompel Rainer kam dann schon,
ihr Burschen jetzt hab ich keinen Strom.
Ihr habt die Leitung schlapp gemacht,
auch mein Computer sagte „Gut Nacht".

Von Limburg kam die EVL,
die flickte alles dann ganz schnell.
Die Mensfelderstraß tat wieder stromen,
den Burschen war`s ein großes Omen.

Ich sag hier auf jeden Fall,
die Kirmes begann mit nem großen Knall!

## Karten für die falsche Sitzung

Ein kräftiger Bursche aus usserm Ort,
ging Letztjahr zu der zweiten Sitzung fort.

Ich will mich heut mim Frauche freue,
vergesse mol des Tages Sorje.
Sonst ist sein Alltag schließlich trist,
zum Schluss sag ich Euch, wer er ist.

Weil dieser Herr zur Kappensitzung wollte,
im Vorverkauf er sich Karten holte.
Dann ging er zur Sitzung hin,
da fiel ihm runter fast sein Kinn.

Do sitzt doch so en närrische Fratz,
genau am Tisch auf unsserm Platz.
De wor ach schun e bisje empört,
dot et sowot gibt, hot ihn gestört.

Do sagt der Sitzende an dem Tisch,
zück mol die Eintrittskart, du Wicht.
Das traf den Albrecht Schneider hart,
weil er eine Karte für die falsche Sitzung hat.

## Konzert in Netphen

Im Frühjahr die Cäcilia in Netphen sang,
die Leute in Südwestfalen zu erfreuen mit großem Klang.

Nach dem Singen dann war es wunderbar,
der Steve ging in die Schoppenbar.
Ne kräftige Dame in voller Pracht,
die hat den Stefan angemacht.

Die Dame – die war Schnäppchenjäger,
wollt vom Steve die Hosenträger.
Mei Hoseträger, die krieste nit,
sonst fällt mei Hos – dot will ich nit.

Jedoch der Stefan stellt dann die Frage,
tun Sie dann en BH auch trage?
Die Körbchen waren gut gefüllt,
da hatte unser Steve etwas im Schild.

Nimmst du vom Körper deine Zelte,
geb ich dir mei Hoseträger in Bälde.
Ich hab der Dame dann geschellt,
die Nacht do wär kein Frost gemeldt.

Der Busen Rundung bleiben heil,
der Steve zog mit dem BH dann heim.
Und dieser BH, das ist ein Zelt,
und wird bei Kirmes aufgestellt.

## Rollendes Auto

En Fraa aus usserm schöne Ort,
die fuhr im blaue Ford mal fort.
Saust eilig um paar Ecke rim,
ich glaub zu der Cousine hin.

Und angelangt u de Frankfurterstroß,
do ging dot schöne Spielchje los.
Die Dame war in Hetze dann,
und zog die Handbrems gar nit an.

Sie hüpfte schnell in Maxeiners Haus,
dat Auto rollt no Breche naus.
Dem Hund im Fahrzeug wurd`s nit geheuer,
de Bobby sprang ganz schnell ans Steuer.

Die Rita rief, oh Schreck, oh Graus,
do läuft jo grad dein Auto raus.
Die Anneliese schnell off Trab,
bei Pauls fing sie den Ford noch ab.

Frau Knoth, die hatte sehr viel Glück,
wor nix passiert, oh was e Glick.
Anneliese, ich empfehl dir alleweil,
beim nächsten Mal nimm einen Keil.

## Fassenachtszug in Limburg

Von Fassenacht hatte die noch nit genug,
und fuhrn nach Limburg zum Faschingsumzug.
Die Fröhlichkeit, das war ihr Sinn,
und stellten sich auf die Lahnbrück hin.

Die Fröhlichkeit man sich maskieren tut,
der Mann setzt sich auf en Tirolerhut.
Und weils auf der Brücke windig ist,
der Hut in die Lahn rin gesegelt ist.

Rompels Marlies hot herzlich drüber gelacht,
jetzt hawwe se dich mol nass gemacht.
Jedoch der Mann hatte sehr viel Glück,
der Hut kam aus der Lahn zurück.

Das gute Stück sich an nem Strauch verfange hat,
vor Freude war der Herr ganz platt.
Der Becker Helmut, der angelte den Hut,
das macht dem Mann dann wieder Mut.

Zurück kam dann der nasse Hut,
dafür er sich bedanken tut.
Die Auflösung – die ist jetzt raus,
es war der Kriegel Rudi Kraus.

## Hammelsprung

Es war im Mai, beim letzte Fest,
ner Dame gab es fast den Rest.
Der Mann, de is jo nit grad jung,
und trotzdem war er voller Schwung.
Des Nachts er an der Theke stand,
und hielt das Schöppche in der Hand.
Die Schoppe schmeckten ihm so gut,
noch größer wurde jetzt der Mut.
Jedoch zur fortgeschrittnen Zeit,
da wurde ihm das Trinken leid.
Er hat sich dann nach Haus gemacht,
und sagt den Freunden „Gute Nacht".
Die Kirchgass war nicht breit genuch,
der Herr geriet ganz schön in Fluch.
Die Kreuzgass hat er noch geschafft,
und auch die Stillgass mit letzter Kraft.
Vorm Bett, da dreht sich alles rum,
und er lässt sich plumsen voller Schwung.
Er fiel dann auf die falsche Seit,
wo dort sein Weib in Ruhe lait.
Zwei Zentner fielen voller Kraft,
da war die Monika geschafft.
Ei Dieter, Mensch, was bist du jung,
das war ja wie ein Hammelsprung!

Bei Kasteleiners war dann Ruh,
das schrieb die Presse noch dazu.

## Club der Strohmänner

Hört ihr`s wie der Donner knallt,
der Club der Strohmänner wird 70 Jahre alt.
Die Lausbubengeschicht ist fünzig Johr her,
drum will ich verkünde heut die alte Mär.
Hier unne im Saal und im Dorf weiß jedes Kind,
dass sie heute gestandne Männer sind.
Auf em Hochfeld entstand Röhrigs Bauernhaus,
und auch ne Scheune hinnerm Haus.
Und in der neuen Scheune drin,
saß auch das neue Stroh schon drin.
Die Scheun war gefüllt bis unners Dach,
da wurde der Kirmesburschen-Jahrgang schwach.
Ein Streich, der wurde ausgeheckt,
sowas hat man beim Michel aus Lönneberg später entdeckt.
Des Nachts fuhr man zum Hochfeld hin,
und hatte nur das Stroh im Sinn.
Man hat dort dann mit aller Kraft,
die Strohbünder enunner in die Tenne geschafft.
Ach, was warn die Bursche froh,
auf dem Boden lag das ganze Stroh.
Der Ortslandwirt Josef, der hat`s geschafft,
die Übeltäter dann ausfindig gemacht.
Die Kirmesbursche war`n dem Jupp dann wieder gewooge,
und hawwe das ganze Stroh in die Scheun hochgezoge.
Und so steht es noch heute in de Anale,
die musste zwei Mark als Strafe zahle.

*Altes Pfarrhaus + Wendelinuskapelle 1987 – gezeichnet von Franz Rompel*

## Die falsche Urlaubsreise

Im Sommer, meist zur gleiche Zeit,
beginnt die schöne Urlaubszeit.
Das ganze Jahr man sich drauf freut,
zum Reisen ist man dann bereit.

Das Urlaubsziel zu dieser Zeit,
Mallorca stand für sie bereit.
Auch wollte man zum Ballermann,
dass es so richtig krachen kann.

Bei Heuns man nun die Koffer packt
und die Flugreis gebucht schon hat.
Die Familie kam am Flughafen an,
umso erstaunter war sie dann.

Man hat beim Abflugtag sich geirrt,
da warn die Heuns gar nicht entzückt.
Der Flieger, doch der schon gestern ging,
die Urlaubsreise, die war hin … .

Ich sag`s Euch jetzt, wer war das wohl,
das war der Heun Walter aus der Hohl.

## Das Aufgebot

Früher wurde das „Quetschekraut“ in einem großen Kupferkessel gekocht und stundenlang gerührt.

Am Abend vorher traf man sich mit der ganzen Nachbarschaft, um die Quetschen zu entkernen. Dabei wurde viel erzählt und gelacht.

In der Nacht ging man dann los, um die Quetschenkerne im Dorf auszustreuen.

Besonders zu heimlichen Liebschaften wurde eine lange Spur gelegt, von einem Haus zum anderen.

So auch zu einem heimlichen Pärchen, welches schon elf Jahre Bekanntschaft pflegte, sich aber nicht traute, vor den Altar zu treten.

Nachdem die Spur – also der Weg – gelegt war, flog die Sache auf und die unwissenden Eltern waren überrascht.

Sie gaben daraufhin dem Pärchen den Segen und das „Aufgebot“ konnte endlich bestellt werden!

## Det falsche Haarspray

De Waaner Leo, dot is aaner,
gewiss en gute Cäcilianer.
Sei ganze Kraft, die setzt er ein,
wenns gilt ze helfe dem Verein.
Als Sänger is der große Klasse,
sein Bass, der konnt sich höre lasse.
Ruft seine Frau er aus dem Stall,
dann braust sein Ruf wie Donnerhall.

Doch kürzlich wurde man gewiss,
dass der Kerl auch eitel is.
Dass sei Frisur tät richtig sitze,
tät er Haarspray jetzt benütze.

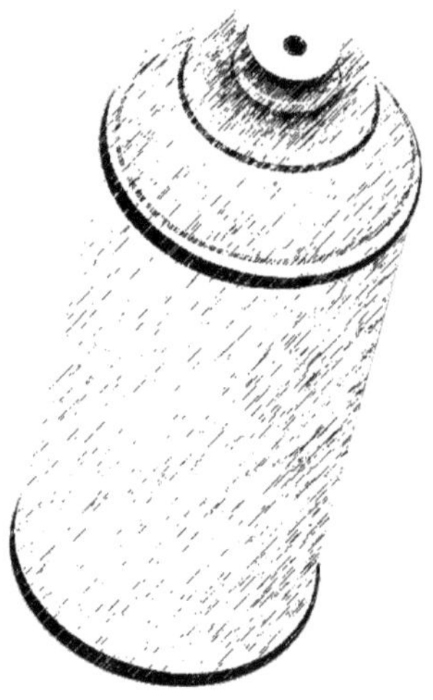

Do drückt mer owe off en Knopp,
schon spritz dot Zeug em off de Kopp.
Mein lieber Leo, dot sään Sache,
dot deede sonst nur die Weibsleut mache.

Doch fer die Männer met drei poor Berschte,
iss det Wasser doch det rechte.
Denn dot Spray, dot lohnt sich nur,
für Weibsleut met ner Hochfrisur.

Doch Leo war offs Spray erpicht
und hot die falsche Doos erwischt.

En Druck off den Knopp, et doat alles stinke,
do stimmt wot nit, doat er sich dinke.

Und off der Doos liest er verschreckt,
es tötet aller Art Insekt.
Woat im Stall mer soll benütze,
tut er sich off sei Haar droff spritze.
Und drüber woar der Leo fruh,
do gieht mer gleich aach ka Ungeziefer druu.

Und ging er dann zum Kuhstall raus,
ging alles stifte, Ratte und Maus.
Selbst die Spinne und die Mücke,
taten schnellstens sich verdrücke.

Und die Moral von der Geschicht:

Erst lesen was geschrieben steht,
denn nachher is et meist zu spät!

## De Ami um Wuchebett

Wie die Amis äm Dorf stationiärt worn,
do loog äm Sack en Fraa äm Wuchebett.

Do kom en Ami änn dott Haus,
de wor schuckerobeschworz unn soah ach suu aus.

Wo iss die „Lady“ wollt de wässe?
Dej – dej leit äm Bett mit em Baby änn de Kisse.

Oh, very good ... I want to see ... das Baby sehn,
und e wollt schunn grod die Drepp roff gehn.

Die Wöchnerin, dej zou der Zeit, noch nie su en „Schworze“ hot geseih,
dej soot: „Wott will da dee häi?“

Die Deer ging off, se doat en Schrei:
„Dott Känd iss unn bleibt mei!“

Do soot dee Ami off gout Deutsch: „Gute Frau,
habe sechs davon und eine Frau!“

„De Ami aus dem ferne Land,
dee hott bestimmt Hamwieh, dott loach doch off de Hand!“

## De Schaa

De Schaa war ein echtes Original.

Als Schmied in seiner Schmiede im Sack, hat er nicht nur Pferde beschlagen oder Geländer geschmiedet, sondern er war auch ein begabter Kunstschmied.

Er hat Tore entworfen mit außergewöhnlichen Ornamenten und Verschnörkelungen, wie Rosen und andere ideenreiche Entwürfe.

Er hat das Eisen nicht nur zum Glühen, sondern regelrecht zum Blühen gebracht.

Der Schaa war auch ein echter Fassenachter und als „Doofe Nuss“ legendär.

Er hatte vor seinen Auftritten großes Lampenfieber, da er immer nur einen Spickzettel dabei hatte.

Eines Abends hatte er seinen Spickzettel zu Hause gelassen, obwohl er doch darauf angewiesen war.

Hinter den Kulissen war was los, er musste auf die Bühne.

Seine Beine zitterten und auf der Bühne dachte er laut: „... was wollte ich sagen?“

Das Publikum hielt es für Absicht und spendete Applaus, bevor er eigentlich den Mund aufmachte und meistens improvisierte. Allein schon seine Erscheinung!

Der ganze Saal war am Singen:

„Schaa, bleib doo, mer waas jo nitt wie's Wetter wärd,

Schaa, bleib doo, mer waas jo nitt wie's wärd!“

## De Krimmelplatz

Die Dette vum Berjefeld foahr änkaafe met vill Geld.
6 Bruute, en Dott voll Weck, eer Leut do bäste weg.
Äm Auto worn vill Aijer, do hott dott gor kann Platz,
do leet dott off det Autodach, sein schiene Krimmelplatz.

Da setzt et sich uh det Steuer, eer Leut macht off die Ohrn
unn iss met 100 Sache dorsch die Neugass gefohrn.
Die Leut se doore lache, jetzt macht endlich hej Platz …
jetzt kimmt die Bernadette, gefohrn mem Krimmelplatz

Doch daa do kimmt än Korv, dott Auto mecht en Satz,
do flait doch änn die Rinn, dee schiene Krimmelplatz.
Enn Fraa hott dee gefunne unn wollt en hewe off,
do kom die Tante Grete unn soot „Läib Fraa her off!

De Krimmelplatz iss uss - leit de ach änn de Rinn,
dott iss doch halb suu schlimm.
Bei uss do wärd dee gässe, dee iss ach schnell verdaut,
unn wer do nänn gebässe, de hott off Sand gekaut!“

## Die schie Kapp

Ein älteres Ehepaar wollte vor langer Zeit mit dem Kuhgespann einen Wagen Mist ins Feld bringen. Der Wagen stand bereit, nur die Kühe mussten noch angespannt werden.

Dazu ging die Bauersfrau hinter das Kuhgespann, um das Geschirr und die Ketten einzuhängen.

Wie es das Schicksaal will, die eine Kuh hob den Schwanz – und eine volle Ladung landete mitten auf dem Kopf der Unglücklichen! Obwohl ihr Ehemann ihr zugerufen hatte: „Vorsicht, die Kuh ...!“ aber die Schwerhörige blieb am Platz!

Da rief der Bauer wie zur Belustigung:

„Du daab Hinkel, jetzt hoste mol endlich en schie Kapp off!“

## Die Sunndochsbuchs

De Leo sitzt mätte änn de Wuch met de Sunndochsbuchs änn de Stobb.
Do giet et off aamol e morz Geschrai feer seim Hobb.

De Leo leeft enaus änn seiner Nut,
do loch do en orme Kater – de wor schunn halb dut!

De Kater quehlt sich, hott de Leo gedocht unn hott met de Sunndochsbuchs dott Werk vollbrocht.

Et wor Kermeswuch, die gout Buchs versaut,
die Fraa wollt met em danze gieh, owwer do draus word jo naut.

Drei Dooch hott se naut geschwetzt,
dott hott em schwer zougesetzt!

E soot, läib Frah jetzt horsch meisch doch mol uu,
da doun ich aafach den „schworze Uzuch“ uu.

Unn wänn uss aaner donoo free’e dout, wätt uss kann Spass verdorbe,
da suun eisch aafach iwwer den „die Katz wär uss gestorbe“!

## Die weiße Flagge

1945, als de Kriesch aus wor, dott iss nit gelue (gelogen),
do sänn die Amis met de Panzer änns Dorf änngezuwe.

„Hollt die weiße Fuhne raus,
unn hingt se schnell off – drausse em Haus!“

Die Tante Maja, die Mutter vum Schaa,
dej soot wott mach eich da?

Se mescht die erscht best Schubblood off,
unn rannt met em Duch die Trepp e noff.

Se hott dott Duch, dott musst er wässe,
vu de Fronleichnamsprozession gegräffe.

Do droff stann met rotem Garn gestickt „Hochgelobt der da kommt!“,
do kome die Panzer schun ugerollt.

De Ami hält still unn hot sich gefreut,
de kunnt bestimmt Deutsch eer Leut!

Die Tante Maja soot erstaunt,
sänn dej all su gout gelaunt?

Als die Maja guckt zum Fiester raus,
do schmeisst de Ami noch e Kaugummi äns Haus.

Do leeft se off de Gass erim
unn ruift: „De Kriech is rim – de Kriech is rim !“

## Der Schaa in Afrika

Vor Jahren war der Schaa als Sänger mit auf der Chorreise in Afrika.

Neben geplanten Konzerten und Besichtigungen wurde auch ausgiebig Geselligkeit gepflegt.

Abends in einer Bar unterhielten sich die Sänger mit Afrikanern, um sich näher kennen zu lernen. Natürlich waren dieselben bemüht ein paar Brocken Deutsch zu lernen.

Der Schaa erlaubte sich einen Spaß und sprach auf Hollesser Platt mit einem Afrikaner.

Er sagte zum Beispiel: „Wu kimmst dau da härre?"

Sein Gegenüber bemühte sich nachzusprechen und alle Anwesenden brachen in Gelächter aus.

Als der Schaa weiter machte: „Wu willst de da hie?" und der Schüler sich die Zunge zerbrach, gab es kein Halten mehr.

Denn der Afrikaner sagte: „Deutsch serr schwerr!"

Zum Schluss wurde mit den Servierdamen der Spruch „Woat willst dau da huu?" einstudiert und damit wurden am nächsten Morgen alle Hollesser-Gäste befragt, was sie denn haben möchten.

Man sagt nicht umsonst: Deutsche Sprache – schwere Sprache …

*Wendelinuskapelle 1986 – gezeichnet von Winfried Jung*

## Das rosa Nachthemd

Die Lidwina, die Frau vom Waaner, wurde eines Nachts geweckt.

Die Kirmesfahne war schon aufgehängt, denn es war in der Kirmeswoche.

Die Diebe machten sich lautstark am Haus zu schaffen und nahmen auf der Flucht die Kirmesfahne mit. Die Lidwina sprang aus dem Bett und rannte in der Nacht mit ihrem rosa Nachthemd mit wehenden Fahnen den Jüngelchen hinterher, um ihre Kirmesfahne zu retten.

Die „Diebe“ brachen dermaßen in Gelächter aus und ließen die Kirmesfahne fallen.

Die Lidwina muss wohl sehr originell ausgesehen haben und so hat das rosa Nachthemd die Fahne gerettet.

Seit der Zeit legt sie besagtes „Negligee“ immer griffbereit, um damit eventuell Einbrecher zu verscheuchen!

# Der beflaggte Ladewagen

Beim Waaner Leo stand der Ladewagen auf dem Hof.

Mit demselben kann man Heu oder Grünfutter fürs Vieh einfahren.

Außerdem eignet sich das Gitter auf der Pritsche hervorragend zum Wäschetrocknen.

So hatte die Frau des Hauses die Wäsche zum Trocknen überall über das Gitter gehängt.

Unser Leo wollte mit dem Ladewagen ins Feld zum Klee holen, in Richtung Linter fuhr er los. Er bemerkte die Wäsche nicht, da seine Augen, wie bekannt, dieselbe gar nicht wahrgenommen hatten.

Mit wehenden Fahnen fuhr er durchs Dorf und wunderte sich, dass die Leute an diesem Morgen besonders belustigt waren.

Im Feld erst registrierte er, dass überall Wäschestücke auf seinem Kleefeld herumlagen.

Da war er selbst belustigt über sein Missgeschick und sprach zu sich:

„Ei, ei, ei, wufer gibt's da en Weschelei?"

## Das Prinzenschwein

Vor einigen Jahren, als von Corona noch keine Rede war, wurde in Hollesse kräftig Fassenacht gefeiert. Die Frauenkrebbelkaffees mit drei Veranstaltungen und prallvollem Saal waren bekannt. Jedes Jahr kamen die Honoratioren aus Limburg samt Prinz und statteten einen Besuch ab.

Einmal brachten sie außer dem üblichen Orden ein lebendes Schwein mit in den Saal! Dasselbe wurde in Limburg auf dem Bürgersteig trainiert, damit es auf der Hollesser Bühne einen ordentlichen Eindruck machte.

Das kleine Schwein wurde der Präsidentin in die Arme gelegt, mit der Auflage, dass beim späteren Schlachtfest der Prinz und sein Gefolge auf dem Hof der Präsidentin zum Schmaus eingeladen werde.

Doch schon im Sommer des Jahres war das besagte Schwein reif zum Schlachten und man gab es zum Schlachter weg.

Beim Schlachtfest im Herbst wurde ein anderes Schwein geschlachtet, angeblich das „Prinzenschwein". Bei diesem Schmaus war der Prinz samt ganzem Gefolge anwesend und man lobte die gute „Prinzenschweinwurst" und vor allem die gute „Prinzenwurstsuppe", den Presskopp usw.

Aber keiner wusste, dass das Prinzenschwein längst gegessen war.

PS:
Von dem vertauschten Schwein durften die Säcker nix wisse, sonst hätte se davon kei Worschthaut aufgefresse.

# Das Ständchen

Früher zogen die jungen Burschen abends durch das Dorf und brachten am Haus der „Angebeteten" ein Ständchen. Gesang ist ja den Hollessern in die Wiege gelegt.

Es gab noch kein Fernsehn, keine Computer, Smartphone oder Handy usw., es war alles sozusagen noch eine „heile Welt".

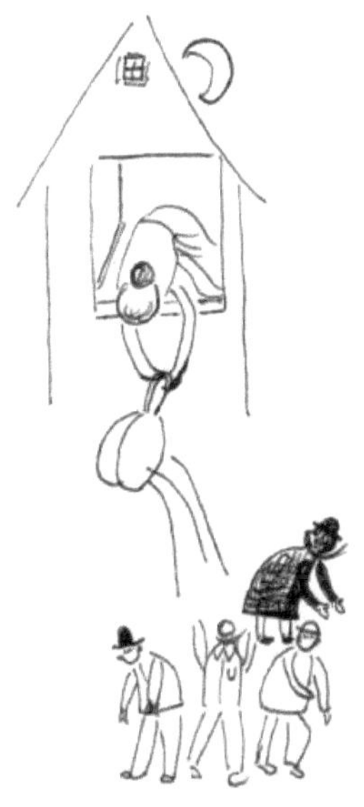

Vor dem Fenster der Mädels standen dann drei bis vier Sänger und sangen heiße Liebeslieder, oft zum Erstaunen der Eltern.

So erging es einer Hand voll Jungmännern, die der Tochter des Hauses ein Ständchen brachten. Da aber nicht die Tochter, sondern die Mutter das Fenster öffnete, waren die Burschen sehr enttäuscht, da von oben gerufen wurde: "Macht Euch fort, sonst leer ich die Nachtigall aus!"

Ein etwas älteres Semester von Mann hatte sich zu den Burschen gestellt und rief zurück: „Ei, da schütt doch!"

Kaum hatte er das ausgesprochen, kam eine Sendung von oben auf die Sänger herab!

Aus der Liebschaft wurde trotzdem eine glückliche Ehe.

Willste gärn die Tochter hu, lee dich nitt met der Mutter uu!

## Die Wette

De Sacker Jaab un de Schäfer Günther, dott wor e Gespann.
Dej hunn äm Feld zesumm geschafft,
wie mer's besser gor nit kann.
Wore dej änns Feld geschickt,
hunn se dobai alaa en ganze Rusinekranz verdrickt.
Dej worn noch jung, dott musste wässe,
und wer vill schafft, dee muss gout ässe!
Amool worn se wirrer äm Feld
unn hunn dot Stick gout bestellt.
Do kom en Schäfer met de Schoof verbai,
dej Schoof, wie kann et nitt anischt sei ...
Dott ganze Feld wor vollgekniddelt,
do nuhm de Jakob en Hand voll Knittel,
und soot üwwer de Günther grood:
„Kannst mich halle hej beim Wort,
wänn de dej Kniddel ässe doust,
da hoste en Kaste Bier gout!“
De Günther hott sich nitt lang besunne,
hott dej Kniddel änn die Hand genumme.
E soot, dott mecht meer iwwerhaupt naut,
unn hott se tatsächlich gekaut.

De Jaab de hott mol gruß geguckt,
als de Kerl se hott ausgespuckt:
„Ich hunn die Wett verlorn,
owwer, runnerschlucke, dott geheert dobei!“

## Aaschgesicht

Die Liss hänne aus de Eck,
dej hott e los Mundwerk un wor ziemlich keck.
Se hott gelästert iwwer Gott un die Welt,
egooll ob's dem Nochber nitt grod gefellt.

En Bauer guckt e mol aus em Fiester raus,
do lässt dott Liss wirrer fräsche Sprüche eraus, wie:
„Eich haache deer im de Kopp erim".

De Mann de wor off suwott gefasst,
und seet schlagfertig ganz uhne Spass:
„Liss, jetzt loss dott Lästern sei,
mein Aasch und dei Gesicht, dott kinnte Geschwister sei!"

## De Presskopp

En „80-Jähriger“ aus de Hohl,
de fuihlt sich bei seim Geborrtsdooch rischdisch wohl.

Domet die Feier aach gelingt,
bekom de en Fruihstickskorb geschinkt.

Et gob allerhand Besuch,
doch dott wor noch nitt genuch.

Die Tande Gudrun broocht er Hundje
namens Seppl met,
de wär brov unn immer nett.

De hott niemals jemand gebässe,
dott lässt die Gudrun alle Gäste wässe!

Alles sitzt um Kischedisch
unn hott gebabbbelt und gebabbelt ferchterlich.

Doch während dej den Kuche gegässe,
hott dott Seppeltje de Presskopp gefrässe.

Die Gudrun schliet die Hinn zesumme,
ei Seppeltje, deich kann mer jo nitt mieh metnumme!

Änn de Korb wu de Presskopp looch,
do wor jetzt e schie gruß Loch.

Doch dot Seppeltje wor soot, unn ach nitt bleed
unn hott sich vollgefrässe do nänn geleet!

## Die Walpurgisnacht (Hexennacht)

Die meisten Sachen passierten in der Walpurgisnacht.

Das ist die Nacht vor dem 1. Mai. Doch die „Geschädigten“ haben sich meistens nicht lange geärgert und mitgelacht über die Streiche der „Hexen“. Gartentürchen waren verschwunden, Fensterläden ausgehängt, Hoftore zugebunden, Bohnenstangen und Gartengeräte waren weg usw.

Das Enggässchen, von der Sackstraße über die Enggass bis zur Kirche war mit Strohballen zugesetzt.

Wollten die Leute in die Maiandacht, so mussten sie zurück über die Kreuzgass zur Kirche gehen usw.

Doch einmal ist in früherer Zeit etwas passiert, das entbehrt jeder Beschreibung!

In der Kirchgass, auf einem Bauernhof unterhalb der alten Kirche, stand ein Leiterwagen hochbeladen mit im Hof. Ein paar Burschen aus dem Dorf schmiedeten den Plan, den Wagen abzuladen, auseinander zu bauen und denselben hoch in der Scheune auf dem Gerüst wieder aufzubauen und auch wieder mit dem Mist zu beladen.

Ein Kunststück „par Excellence“, gesagt getan!

In der Nacht, als alles schlief, ging man zu Werke. Es müssen bestimmt sechs oder sieben Burschen gewesen sein, denn zwei bis drei Leute konnten das nicht schaffen.

Vor allem musste das alles möglichst geräuschlos vor sich gehen.

Früher hatte man in den Scheunen meistens einen Seilzug, damit wurde alles nach oben transportiert - was eine langwierige „Hexentat“.

So kam es dann, dass am nächsten Morgen der Mistwagen vor den Augen der Bauersleute verschwunden war. Die Suche begann im ganzen Dorf und auf dem Feld. Der Mistwagen war verhext und blieb von der Bildfläche verschwunden.

Die Bemerkung der Bauersfrau ist legendär: „Meer hunn owwer ach die Noocht extra gout geschlofe“!

Kurzum, die Tat wurde dann doch entdeckt und man war froh, dass das wertvolle Gut wieder aufgetaucht ist.

<u>Fazit:</u>

„Schläfst du in de Hexenacht tief und fest,
dann gebe die Hexe dir den Rest!“

## Das Jauchefass

In den 1950er Jahren hatten die Einwohner im Ort großen Respekt vor der Walpurgisnacht, weil sie wussten, dass auch bei ihnen etwas angestellt werden könnte. Denn die Nacht zum 1. Mai war die Walpurgisnacht. Alles was umher stand und was nicht niet- und nagelfest war, wurde an eine andere Stelle verschleppt.

So auch ein großes Jauchefaß. Ein Pudelfass mit einer Fassung von 1.000 Liter, das für die Entleerung der Jauchegrube gebraucht wurde.

Mit einem Bauernwagen wurde die Jauche in diesem Fass im Feld als Dünger ausgesprüht.

Dieses Fass war für uns Burschen ein guter Streich in dieser Nacht, den wir ausführen konnten. Wir holten es vom Wagen herunter und schleppten es zur Dorfstraße hin. Dort setzten wir das große lange Fass auf dem Podest einer am Haus seitlich vorhandenen Treppe, die sechs Stufen zum Eingang des Hauses hatte, ab.

Am nächsten Tag wunderte sich jeder, der vorbeikam und rätselte:

„Wer kommt auf diese Idee!"

Dies war ein toller Streich.

## Der Misthaufen

Alle Landwirte hatten in dieser Zeit Tiere, wie Kühe für Milch, Kälber, Schweine oder auch Pferde. Ihre Ställe, wo diese untergebracht waren, wurden regelmäßig ausgemistet. Der Mist kam auf den vorgesehenen Misthaufen. Dort wurde er gelagert, bis er dann später auf dem Feld ausgebracht wurde.

Dieses war ein Anlass für eine Aktion und einen Streich in der Walpurgisnacht.

Wir banden uns Kartoffelsäcke um die Schuhe, um lautlos agieren zu können.

Mit Mistgabeln, die wir uns vorher besorgt hatten, streuten wir den Misthaufen im ganzen Hof aus. Und mit dem Rest setzen wir die Haustür (den Hauseingang) noch zu, ehe wir uns wieder verdrückten.

Ja, frech und ärgerlich für diese Leute war diese Aktion; aber ein seltener Streich.

## Gäulsgeschirr im Mist

Ein Pferdebauer war immer stolz auf ein blank geputztes Pferdegeschirr. Das gab einen Anlass für einen Streich in der Walpurgisnacht.

Da das Hoftor verschlossen war, hieften wir uns über das Tor, entnahmen das Pferdegeschirr, das am Scheunentor säuberlich hing. Als wir dann eine Mistgabel gefunden hatten, nahmen wir das Geschirr und vergruben es in dem Misthaufen mit viel Mist. Schon hörten wir eine Stimme vom Fenster von oben herab. „Was macht ihr da?"

Da es ja finster war, konnten wir unerkannt entkommen. Aber wir haben diese Stimme erkannt! Und das Geschirr war im Mist vergraben.

*Altar in der neuen Kirche – gezeichnet von Elvi Plemper geb. Rompel*

## Die Fahr-Rolle entführt

Auf der Suche in der Walpurgisnacht, um etwas anstellen zu können, fanden wir im Hof bei einem Bauern eine abgestellte Rolle mit Gummireifen. Sie war voll beladen mit Futterkorn. Es wurde extra ausgesät, um damit später Vieh zu füttern.

Dieses war ein Anlass für einen Streich. Wir schoben die Rolle die Frankfurter Straße hinab am Wingertsberg vorbei, wobei einer die Bremse bediente. In den Kurven an der Gäulshölle war damals ein Fahrweg auf der linken Seite hinter dem Wingertsberg.

Dort schoben wir sie ein Stück hinein und stellten sie ab.

Es war ein harter Streich, da das Vieh auf das Grünfutter verzichten musste!

## Pflug auf dem Baum

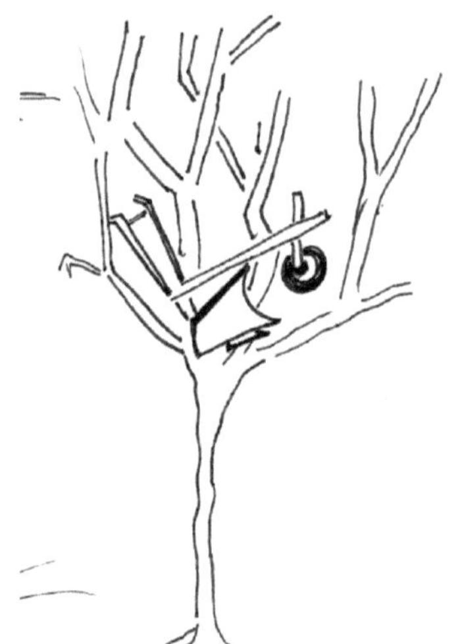

Bei einem anderen Streich stand ein einsamer verlassener Pflug zum Ackern des Feldes bereit. Wir schleppten ihn zu einem Zwetschgenbaum hin und hievten ihn in die Krone des verzweigten Baumes.

Fazit des Aktes:

Der Pflug als Frucht des Baumes: aufgepfropft!

## Die Milchkanne

Die Kuhmilch wurde nach dem Melken in die Milchkanne eingesiebt. Die Milchkannen der Bauern wurden zu den vorgesehenen Milchböcken gebracht, wo sie dann von Fuchse Martin Friedrich mit seinem Lastwagen zur Molkerei gefahren wurden.

Bei einem Bauern entnahmen wir eine Milchkanne mit der am Abend gemolkenen Milch darin. Damit betraten wir die Scheune und hievten sie auf der senkrecht angebrachten Leiter der Scheune nach ganz oben hin, bis an das Dachfenster.

Dort hängten wir sie mit dem Bügel an die Sprosse am oberen Ende der Leiter ein.

Hoffentlich wurde sie entdeckt, bevor sie sauer wurde ...

## Die Strohballen

Als wir in der Walpurgisnacht durch das Dorf zogen, kamen wir an einem Bauernhof vorbei. Dort suchten wir, um etwas zu finden, was wir wegbringen konnten.

In der Scheune kam einer auf die Idee, wir werfen dem Bauern für die nächsten Wochen die Strohballen herunter. Wir kletterten die Leiter hinauf auf das Gerüst und warfen mit Eifer die Strohballen herunter. Einer stand Schmiere um uns zu warnen, wenn jemand wach wird von den Rumpsern der fallenden Ballen.

Einmal angefangen, war eher keine Ruhe, bis die ganze Einfahrt der Scheune voll lag. Das Endergebnis war, dass wir uns über den Haufen von Ballen hinunter kämpfen mussten, um nach unten zu kommen. Selbst die Tür des Scheunentors mussten wir frei räumen, um wieder hinaus zu kommen.

Dieses war ein einmaliger Streich in der Walpurgisnacht, wobei der Bauer morgens die Einfahrt frei räumen musste.

## Fahrt mit Pflugs-Karren

Bei einem Kuhbauern holten wir geräuschlos einen Pflugswagen mit Holzrädern und Eisenreifen raus aus dem Hof. Auch den Vorderwagen mit Eisenrädern, der auch zum Ackern mit dem Pflug benötigt wurde.

Wir nahmen beide mit bis zur Bahnhofstraße – in die bekannte Hohl.

Dort begann die große Gaudi. Einer, der auf dem Sitzbrett saß, bediente die Spindelbremse. Ein anderer, der Steuermann, saß auf dem Holm des Pflugskarrens. Vor ihm war der aus Eisen bestehende Vorderwagen, wo die Kühe beim Pflügen angespannt wurden. Mit den Füßen auf der Achse des Vorderwagens mit den Eisenrädern und mit den Händen am Holm des Leinhalters, steuerte er den Karren die ganze Hol runter bis zum Staufenbiel.

Die Höllenfahrt endete in dem damals noch offenen Weschbachgraben vor den Häusern.

## Pinkeltaufe

Als wir durch die Straßen gingen, um ein Objekt für einen Streich zu suchen, fanden wir einen Pflugskarren im Hof eines Landwirts. Als wir diesen entführen und mitnehmen wollten, sind wir vom Nachbarn entdeckt worden. Er hatte uns von oben herunter, von seinem Hausfenster beobachtet. Er konnte genau sehen was wir vorhatten.

Als er sich bemerkbar machte, gaben wir das Vorhaben auf und beeilten uns wegzugehen. Dabei erwischte er uns, indem er über uns im richtigen Augenblick und zur richtigen Zeit sein Pinkeldippchen auskippte.

Zwei von uns wurden getroffen und eingeseift. Sie haben eine perfekte Pinkeltaufe bekommen, die dann für uns eine lehrreiche Warnung war.

## Debo-Schorsch

In der Walpurgisnacht, wo in der Fallbornstraße alles ruhig war und kein Mensch auf der Gasse, schlichen wir lautlos beim Georg Debo dem Geisehalter in den Hof.

Dort öffneten wir den Stall, wo der Geisbock stand. Mit aller Sorgfalt banden wir ihm eine Leine um und entführten ihn. Mit List brachten wir ihn durch den Fallborns-Weg, über die B 8 und dann zu dem Weg, wo die Hebamme wohnte, zum Sportplatz hin. Dort banden wir ihn an das Rohr der Absperrung des Fußballfeldes fest und gaben ihm etwas Grünes zum Fressen.

Wie lange der Debo Schorsch gebraucht hat, um seinen Bock zu finden kann ich nicht berichten, aber Fazit der Sache war, dass es in dieser Zeit im Fallborn beim Debo nicht nach Bock stank.

Und der Bock in der frischen Luft den Duft verlor!

## Zwei Originale aus dem Ort

Ottje der Vollblutmusiker und Unterhalter mit seinem Busenfreund als Spät- oder Frühheimkehrer.

Nach einer durchzechten Nacht am Rosenmontag 1987 morgens früh erwischte ich beide in der Stiegelstraße, worauf ich sie sofort mit meinem Fotoapparat aufnahm.

Werner Otto (alias „Ottje“) mit seiner „Knutsch“ (Harmonika) auf dem Rücken und Rudolf Krämer (alias „Pattje“) mit dem Knutschkoffer in der Hand.

Aber in dieser Richtung ist doch nicht deren Heimweg. Anscheinend wollten sie weiter bis zur nächsten „Einkehrstation“ etwas weiter oben?

## Dem Ede sei Fensterscheib

Mer hot jo än de Kinnerzeit viel Zeit gehot,
und do hot mer et sich änfalle losse,
dem ahne oder annern en Streich ze spille.
Manchmol wor dot nit gewollt.
Eisch mahne die Folge vu dene Streiche.

Mer hun bei uss än de Kerschgasseck immer Fußball gespillt
und do iss ach emol en Schuss denewer gange.
Mer horre dem Rumpelswillems Ede en Scheib ängeschoasse.

Naderlich sän mer fortgelaafe fer Schreck,
ower de Ede wußt jo wu sei Pappenheimer deham worn.
Mer hun et da deham gebascht und de Ede hot uss stramm ugegeuckt,
ower mer stande auch zou dere Tat.

Annerndochs sän mer da bei de Ede und hun dot Fenster obgeholt
und hun dot zom Bauerhein, dem Schreiner än de Stillgass
gebrocht und neu vergloße losse.

Dochs droff hot de Bauerhein da dot goure Stick fertisch
und mer kunnte dem Ede det reparärte Fenster wirre änsetze.
Naderlich hot die Sach deham e Nospill.

Et gob 4 Woche ka Sundochsgeld und dot wor hoart.
Die Freunde hun sundochs bei Schmole Eis geholt
und hun uss veräppelt, däs mer ka Sundochsgeld kräjt horre.

## Harmonie Club Freizeit

Es war einmal vor vielen Jahren,
der Harmonie Club ist auf Freizeit gefahren.
Die jungen Wilden sprangen in ihre Schlitten
und sind damit nach Westernohe geritten.
Ein paar Getränke, die Stimmung war lustig,
die Sonne schien, eine Wespe war listig.
So stach sie sehr energisch
den einen, der war allergisch.
Nach ‘nem Augenblick,
war sein Ohr schon dick.
Das müssen wir schnell kühlen hier,
gib doch mal ‘ne Flasche Bier.
Doch Manni sagte, das Kühlen hilft hier nix.
Wir fahren jetzt ganz fix,
ins Spital,
das ist genial.
Den Onkel Doktor haut nix vom Hocker,
er bekämpft die Schwellung lässig-locker.
Doch sagt er dann: „Deine Stimmung, die wird sinken,
denn das Wochenende darfst du nix trinken.
Und während des Ausflugs ins Krankenhaus,
sagte der Rest vom Team, wir müssen raus.
So gingen Sie mit großen Schritten,
in die Kneipe einen kippen.
Motivation war da, die Stimmung fanatisch.
So sagte der Allergiker ganz dramatisch:

„Scheiß drauf! Der Doktor ist dort und ich bin hier,
Kellner ein Schnaps und auch ein großes Bier“.
Nun war es klar, das Schicksal besiegelt.
Der Schoppe hat ihn aufgewickelt,
er kam mit einem Freund auf den Gedanken,
nun den Weg nach Hause zu schwanken.
So kam es, dass die beiden Gelehrten,
sich über ein Straßenschild beschwerten.
Durchfahrt verboten, das muss man niemand hier sagen.
Da liegt ein Stein, den kann keiner von uns tragen.
Die beiden haben nicht lange gefackelt,
an dem Schild nur kurz gewackelt,
bis die Tulpe ward gepflückt,
Das Ganze ist uns gut geglückt.
Jetzt nehmen wir den neuen Schatz,
und tragen ihn zum Campingplatz.
Der Weg war wie der Abend, lang und steil,
ein Auto kam von hinten und sie dachten, geil.
Manni mach die Türe auf
und nimmt das Schild mit rauf.
Statt den Daumen zum signalisieren,
nahmen sie den Mittelfinger, Manni wird es schon kapieren.
Doch der Manni ward es nicht gewesen,
nix verstanden von den Späßen,
haben die Zwei …
von der Polizei …

## Förster Werner verhindert Tor beim Fußball

Der Förster Werner war lange selber sportlich aktiv. Später, als Zuschauer verweilte er oft direkt neben „unserem“ Tormann. Auch bei einem Punktspiel am 29. November 1971 gegen Obertiefenbach.

Am Ende ging es unentschieden 1:1 aus, aber nur weil ein Zuschauer Lindenholzhausen die erste Heimniederlage ersparte, wie die Presse vermeldete.

Was war geschehen ...

Als Gästestürmer E. Jung in der letzten Minute die gesamte Abwehr überlaufen sowie noch den Torwart ausgespielt hatte und den Ball ins Tor schieben wollte, sprang ein Zuschauer auf den Platz, warf sich in den Schuss und stoppte das Leder vor dem Überschreiten der Torlinie. Mit seiner „Parade“ bewahrte er die TuS so vor einer Niederlage.

Zuvor war das Spiel zusehends verbissener und härter geführt worden. Zu einem nicht unerheblichen Teil trug der Schiedsrichter dazu bei, der zu viel durchgehen ließ.

Er stellte zwar Rainer Schneider vom Platz, übersah jedoch mehrere andere Unsportlichkeiten, die ebenfalls zu Feldverweisen hätten führen müssen.

Im Jahresrückblick beklagte ein Kolumnist „Macht endlich Schluss mit dieser Unsitte“. Innerhalb von drei Wochen verhinderten in der A-Klasse Limburg an zwei verschiedenen Spielorten sogenannte Fans mögliche Niederlagen ihrer Mannschaft und zwar durch aktives Eingreifen. Sie beförderten nämlich den Ball von der Torlinie, nachdem der eigene Schlussmann bereits ausgespielt war.

*(HF 12/70 S.5)*

*Der Lindenbaum – gezeichnet von Elvi Plemper geb. Rompel*

## Die Maul- und Klauenseuche

Während der Kriegsjahre und danach war in der Region zeitweise oder auch mehrmals die Maul- und Klauenseuche ausgebrochen. So auch in Lindenholzhausen.

Fast auf jedem Hof waren die Milchkühe betroffen.

Diese Tierseuche ist stark ansteckend, so dass das ganze Gebiet zum Sperrgebiet erklärt wurde. Vom betroffenen Betrieb durfte niemand die Hofreite verlassen, weder zum Einkaufen, noch durften die Kinder die Schule besuchen. Das Hoftor blieb zu und man musste sich mit Vorräten begnügen.

Da die Tiere eh nichts fraßen war das Thema passee!

Vor dem Hof, am kleinen Türchen lag ein Sack mit Sägemehl, der mit dem Desinfektionsmittel „Lysol" getränkt war. Damit hat der Tierarzt die Stiefel desinfiziert, da nur er den Zutritt zu den Ställen hatte. Dieses „Lysol" roch ganz fürchterlich und musste immer wieder erneuert werden.

Die Milchkühe zeigten Symptome wie Schleimbildung aus dem Maul, die Milchleistung ging zurück auf Null. Und die Klauen waren krank, so dass die Kühe schlecht auf den Beinen waren.

Das Ganze dauerte oft ein paar Wochen.

*Quelle: Rita Rompel geb. Jung-König*

## Ausquartiert

Manchmal wurden die Bauernkinder bei Verwandten ausquartiert, damit sie weiter in die Schule gehen konnten. Manche Kinder kamen zu Verwandten in der Stadt, sogar bis nach Frankfurt. Das bedeutete eine willkommene Abwechslung während der Schulzeit.

Die Vorschriften und Regelungen wurden sehr ernst genommen und bei Nichtbeachtung derselben wurde man mit hohen Strafen belegt.

Doch es kam schon mal vor …, man durfte sich nur nicht erwischen lassen.

So war ein befreundetes Ehepaar der Bauernfamilie, das ihre Silberhochzeit feiern wollte, traurig, dass es nicht möglich war gemeinsam zu feiern. Es wurde ein Plan gemacht die Vorschriften zu umgehen, natürlich heimlich.

Am Abend, als die Luft rein war, ging es über den Hinterhof durchs Küchenfenster.

Und so konnte man doch gemeinsam einen zusammen trinken.

Der Rückweg war entsprechend schwierig, denn man hatte dem Streuselkuchen und vor allem dem Alkohol reichlich zugesprochen. Wäre das Ganze aufgeflogen, dann hätte es eine saftige Strafe gegeben.

Heute geht es bei dem Corona-Virus natürlich um Menschenleben, nicht zu vergleichen!

Aber die Seuche brachte für die bäuerlichen Betriebe klägliche Verluste, die wieder aufgeholt werden mussten.

*Quelle: Rita Rompel geb. Jung-König*

## Bericht über den Dreschplatz im Ort

In den 1940er bis 1960er Jahren kamen in den Herbstmonaten die großen Dreschmaschinen ins Dorf, um die eingefahrene Frucht in den Scheunen der Bauern zu dreschen.

Der Umzug von Scheune zu Scheune erfolgte mit einem großen Lanz Bulldog vom Leber Paul. Dieses war immer eine größere Aktion mit viel Aufsehen und Problemen. Der Lanz Bulldog hat einen Glühkopf, der zur Zündung des Treibstoffs im Motor diente. Dieser Kopf, der vorne am Motor saß, musste zuerst mit einer größeren Lötlampe aufgeheizt und zum Glühen gebracht werden. Dann wurde das größere Schwungrad kräftig gedreht und der Motor angekurbelt. Dabei musste man beachten, ob der Motor vorwärts oder rückwärts - links oder rechts herum lief.

Beim Dreschen der Garben waren viele Helfer nötig, die dann alle verköstigt wurden.

Viele Kuchen wurden gebraucht, die von Beckerfranze Schorsch (Rompel) sowie von Frirris (Alex Becker) oder auch Schmole Peter (Röther) gebacken wurden.

Gedroschen wurde so lange bis die Tenne leer war, manches Mal bis in die Nachtstunden.

Da der Scheunendrusch meistens im Winter stattfand, hatten die Viehbauern kein Schrot zum Füttern der Schweine mehr. Dafür war ein Dreschplatz vorhanden, dort setzte man vor dem Drusch einen Garbenhaufen auf. Diese Haufen wurden rechts und links der

Dreschgasse aufgesetzt, in der die Dreschmaschine immer weiter daran gerückt wurde.

Es waren auch meistens Landwirte, deren Scheune zu klein war.

Zwischendurch wurde auch direkt von den angefahrenen Erntewagen gedroschen. Viele Leute, man nannte sie damals geringere Leute, hatten nur kleine Parzellen von Land, das sie geerbt hatten. Denn in dieser Zeit wurde noch alles gerecht geteilt.

Um ihren Acker zu bestellen, gingen sie regelmäßig in der Erntezeit mit ihrem Bauer mit ins Feld.

Etliche von ihnen hielten sich ein Schwein zum Schlachten oder Ziegen zum Melken und deren Lämmer zum Schlachten.

Andere bebauten ihre Gärten und zogen sich ihren Kohl, Gemüse, Möhren, Erbsen, Bohnen und Salate mit ihren Zutaten an, um sich ernähren zu können.

Es war eine sehr arme Zeit in den Kriegs- und Nachkriegsjahren. Man konnte fast nichts kaufen und man hatte auch nicht das nötige Geld dazu.

Hoffentlich kommt es zukünftig, nach den heutigen vom Konsum verwöhnten Jahren, für die nachfolgenden Generationen nicht einmal dazu, diese Zeit des Verzichts und der Armut zu erleben oder mitmachen zu müssen!

*Quelle: Bernhard Rompel*

## Überbringung von Hilfsgütern an die Pfarrgemeinde Pcim/Polen

Die Fahrt für die Überbringung der Hilfsgüter von der Pfarrgemeinde St. Jakobus Lindenholzhausen zur Pfarrgemeinde Pcim in der Volksrepublik Polen dauerte vom 25. bis zum 27. Februar 1982.

Die Anregung kam von Mitgliedern der katholischen Jugend in der Heiligen Nacht im Jahr 1981, da Pcim die Heimatgemeinde der Restauratoren des Hochaltares in St. Jakobus Lindenholzhausen ist.

Reisende und Fahrer waren Heinz Schmitt (Schubertstraße) und Rainer Rompel, (Rübsanger Straße). Als Transportfahrzeug wurde ein LKW mit Anhänger von der Fa. Alois Rompel, Landhandel (Rübsanger Straße) zur Verfügung gestellt.

Bestimmt gibt es Besucher der Volksrepublik, die eine nicht so positive Behandlung erfahren haben. Und auch nicht das Privileg hatten, viele ausführliche Gespräche mit Menschen der Kirche sowie staatlicher Stellen führen zu können. In diesen drei Tagen haben wir wirklich tiefe Eindrücke zur Lage des polnischen Volkes, wie es sich zu der Zeit darstellte, gewinnen können.

Wochenlange Vorbereitungen (z. B. Verhandlungen mit der polnischen Botschaft in Köln, bei Zollbehörden, mit der IHK und Gesundheitsbehörden) waren nötig. Diese führten Herr Pfarrer Willi Siegmund und ich.

Nach nochmals intensivem, hektischem Endspurt, der dank vieler Helfer rechtzeitig abgeschlossen werden konnte, gingen wir nach Verabschiedung durch einige Gemeindemitglieder und einem Segensgebet am Mittwoch, den 24.02.1982 spätabends, wie geplant am Donnerstag den 25.02.1982, pünktlich um 02:00 Uhr morgens auf eine nicht kalkulierbare Reise.

Ziel war die Stadt Pcim in der Volksrepublik Polen.

Zu der Zeit herrschte in Polen Kriegsrecht!

Das Steuer übernahm zunächst Heinz (km-Stand 13710).

Vorbei an Weilburg, Wetzlar, Gießen und Alsfeld erreichten wir um 05:15 Uhr die Grenze zwischen BRD und DDR am Übergang in Herleshausen. Nach Passkontrollen konnten wir schon nach ca. 15 min die Weiterfahrt antreten.

Nach einem Streifen „Niemandsland" von ca. 4 km, kamen wir zu den Grenzkontrollen der DDR in Wartha (Eisenach). Die Formalitäten zur Einreise wurden freundlich und zügig abgewickelt und so konnten wir um 6:15 Uhr die Fahrt fortsetzen.

Die Route führte uns vorbei an den Städten Gotha, Erfurt, Weimar, Jena, Zwickau, Dresden, Bautzen, Grenze Görlitz. Die Abfertigung der DDR Zollbeamten bei der Ausreise ging zügig vonstatten.

*Zusatzanmerkung: 1962 war ich beruflich in Polen (Warschau, Posen), zu der Zeit als Alfred Gomolka Staatspräsident war. Ihn konnte ich auf einer Messe in Posen persönlich kennenlernen. Und dabei habe ich ein Stück weit die polnische Mentalität erlebt sowie ein paar polnische Worte gelernt, die uns nun zu Gute kamen.*

Als nämlich der Trupp des polnischen Zolls anrückte, gaben wir der Vorgesetzten ½ Pfund Kaffee und einige Tafeln Schokolade, die wir wohlweißlich im Gepäck mitführten. Nach Erledigung der Formalitäten konnten wir nach 1 ½ Stunden weiterfahren. Bereits am Ortsausgang von Görlitz wurden wir dann von der ersten Militärpatrouille angehalten. Dieses wiederholte sich bis Krakau noch 12 mal! Ein Weiterfahren erwirkten wir jeweils durch Übergabe von ein paar Packungen Zigaretten, Kaffee oder Schokolade. Wenn wir durch Ortschaften fuhren und spielende Kinder sahen, hielten wir auch schon mal an und beschenkten diese mit Schokolade.

Überraschend schnell erreichten wir unser Tagesziel Wroclaw (Breslau) um 16:45 Uhr. Weil es noch früh war, beschlossen wir, am selben Tage die noch vor uns liegende Strecke in Angriff zu nehmen.

Die Route führte uns nun vorbei oder durch die Städte Oppeln, Strezelcer, Gleiwitz, Bytom und gegen 21:30 Uhr erreichten wir die Stadtgrenze Krakau (km-Stand 14715). Auch hier empfing uns wieder Militär. Ein Problem war nun, dass wir uns erstens in Krakau nicht auskannten und zweitens durch das Kriegsrecht ab 22:00 Uhr in ganz Polen absolute Ausgangssperre herrschte.

Ich verhandelte mit einem Offizier, den wir auch mit Mitbringseln bedachten und dem ich unser Ziel, Professor Dr. Stanislaw Bsowski, Ukica Kopernika 44, mitteilte. Es dauerte eine geraume Zeit und Rainer meinte schon, der hat wohl den Kaffee und Zigaretten genommen, aber sonst tut er nichts. Doch plötzlich kam ein Taxi, setzte sich vor uns und es ging in rasender Fahrt durch Krakau.

Es sei noch erwähnt, dass wir durch viele moderne Städte mit riesigen Wohnsilos fuhren, die Dörfer aber meist in schlechten, zerfallenen und armseligen Zustand waren.

Um 21:58 Uhr waren wir, nach genau 1.011 Km und 20 Stunden Fahrt, glücklich am Ziel, einem Kloster! Nach einigem Rufen stand dann Professor Bsowski vor uns und auch Pfarrer Siegmund, der uns erst am nächsten Tag erwartet hatte, empfing uns überrascht. Hilfreiche Schwestern bezogen noch schnell zwei Betten für uns. Nach einem Willkommenstrunk, ein echter polnischer Wodka, erzählte uns Pfarrer Siegmund von seiner aufregenden Reise.

Als er im Zug von DDR Vopos, einer Frau, kontrolliert und befragt wurde: „Wo ist der LKW?“ Irritiert fragte der Pfarrer „Welcher LKW?“ Darauf entgegnete die Beamtin: „Im Visum steht: Einreise mit LKW!“. Jetzt wurden dem Pfarrer die Knie weich ...

Doch ein zweiter Vopo, der dabei war und etwas im Hintergrund stand, legte seinen Zeigefinger auf den Mund und bedeutete dem Pfarrer, dass er nichts weiter sagen solle. Dann schaltete er sich ein, lies sich alles erneut erklären, machte dann Pfarrer Siegmund die Auflage, sich bei dessen Rückreise bei ihm zu melden, er sei dann auch wieder in diesem Zug.

In dieser Nacht durften wir dann erfahren, dass Pfarrer genauso schnarchen wie alle Christenmenschen.

Am Freitag, den 26.02. machten wir, nach einem bescheidenen Frühstück, eine kleine Stadtbesichtigung. Hier fielen uns Läden mit wenig Ware, aber dafür mit riesigen Menschenschlangen vor den Eingängen auf.

Auf Nachfrage wurde uns gesagt, dass es Lebensmittel nur auf Lebensmittelkarten gibt. Eine Person erhielt pro Monat: 2 1/2 kg Fleisch oder Wurstwaren, ½ kg Butter, 1 kg Mehl, 1 kg Zucker, 1 Flasche Alkohol, 1 kg Waschmittel oder Seife, 240 Zigaretten, entsprechend Rauchwaren.

Wer ein Fahrzeug hatte, bekam 30 l Kraftstoff, dazu eine Nummer zwischen 0 – 9. Wenn er z. B. die Nummer 1 hatte, konnte er sein Fahrzeug am 1., 11. und 21. eines Monats mit je 10 l betanken.

Um 11:30 Uhr verließen wir mit unserem Lastzug Krakau in Richtung eines verstreuten Bergdorfes mit 4500 Einwohnern in einem Tal der Tatra am Fluss Raba, ca. 60 km von dem bekannten Wintersportort Zakopane entfernt. Nach Ankunft in Pcim wurden wir von einer Gruppe Menschen, dem Pfarrer und seinen Kaplänen herzlich empfangen.

Unsere Spenden wurden abgeladen und im Keller des Pfarrhauses verstaut. Sie sollten nach einer Bedürftigkeitsliste an die Einwohner verteilt werden.

Plötzlich stand auch Jan, einer der Restauratoren unseres Hochaltares vor uns. Er gab uns für alle Lindenholzhäuser viele Grüße und alles Gute mit.

Nach einer Kreuzwegandacht in der überfüllten Kirche von Pcim, sprach unser Pfarrer Siegmund einige Worte über die Beweggründe unserer Aktion; und dass der Anstoß von der katholischen Jugend von Lindenholzhausen in der Heiligen Nacht kam. Der Pfarrer von Pcim bedankte sich dann in deutscher Sprache. Seinen Dank und Gottes Segen an alle Pfarrgemeindemitglieder von Lindenholzhausen, deren Familien, allen Spendern und Helfern.

## Wissenswertes aus einer anderen Zeit, quasi einer anderen Welt

Eindrücke von der Situation in Polen, wie sie sich damals darstellte, bekamen wir in einem Gespräch mit Leuten aus kirchlichen, aber auch weltlichen Kreisen. Herr Pfarrer Siegmund und wir konnten auch Fragen an die Leute stellen. Erwähnen möchte ich besonders Herrn Stanistz, Direktor einer Düngemittelfabrik.

Als er erfuhr, dass wir aus Lindenholzhausen kommen, erklärte er, dass er dies kenne, da er schon Holzgeschäfte mit der Fa. W. Minz in Lindenholzhausen getätigt habe. Er erläuterte uns dann seine Sicht zum wirtschaftlichen Niedergang Polens.

Es sei bei der Machtübernahme durch General Jaruzelski eine Minute vor 12 gewesen. Die Fronten zwischen Solidarnosz und der Regierung seien so verhärtet und beide Lager stünden sich derart feindlich gegenüber, dass ein Bürgerkrieg drohe. Die jetzige Situation sei das kleinere Übel.

Wenn Polen die Spannungen nicht selbst bereinigt hätte, wäre die Sowjetunion unweigerlich einmarschiert, siehe frühere ähnliche Lagen in Ungarn und der CSSR.

Auch lasse sich Russland seinen direkten Weg zu seinem treuesten Verbündeten, der DDR, durch ein westlich orientiertes oder neutrales Polen nicht abschneiden. Ein solcher Versuch Polens sei sein existentielles Ende. Auf Jalta sei die Welt in Ost und West geteilt worden und nur ein dritter Weltkrieg würde etwas ändern können, alles andere seien Träume.

Die Solidarnosz von Lech Walesa sei eine gute Sache gewesen, aber er habe sich von Radikalen einvernehmen und überholen lassen. Der Leitgedanke dieser Bewegung sei letztlich, so wörtlich, „polnische Romantik“ und man habe sich nicht mehr an der kommunistischen Wirklichkeit des Ostblocks orientiert.

Zur Frage der Lebensmittelknappheit wurde uns berichtet, dass unter Edward Gierek eine verfehlte Wirtschaftspolitik praktiziert worden sei. Man habe übermäßig in Industrie investiert und wenig Augenmaß für realistische Größenordnungen gehabt.

Polen besitze heute in Nowa Huta, einer Trabantenstadt von Krakau, das größte Stahlwerk Europas, müsse aber alle Erze und den größten Teil der benötigten Energie importieren.

Man habe einen Wirtschaftssprung nach vorne machen wollen, ohne die Bedürfnisse des Landes und dessen Möglichkeiten im Auge zu behalten. Es wurden moderne Städte aus dem Boden gestampft, die heute keiner bezahlen könne.

Gleichzeitig wurde auf die Landwirtschaft wenig bis gar keinen Wert mehr gelegt. Man hat wohl 2/3 des Agrarlandes in private Hände gegeben, den einzelnen Besitz aber so klein gehalten, um die 2 bis 3 Hektar, dass eine Bewirtschaftung mit Maschinen kaum möglich sei. Weiter sind die Erzeugerpreise so niedrig, dass sich der Anbau nicht mehr lohnte.

Es wurden folgende Preise bezahlt: 1 l Milch 3 ½ Zl, das sind 0,10 DM; 1 Zt Weizen 330 Zl – 10 DM. Die Relationen auf dem Agrarmarkt stimmen nicht mehr. Das Landvolk ging zur Industrie. Um aus diesem Dilemma heraus zu kommen, habe man nun mit einer Agrarreform begonnen. Die Höfe werden auf 25 ha aufgestockt.

Die Agrarpreise wurden den Welthandelspreisen angepasst, was zunächst eine Erhöhung der Lebenshaltungskosten um einige Hundert Prozent bedeutet, gleichzeitig den Einsatz in der Landwirtschaft wieder lukrativer macht.

Man solle sich aber nicht der Illusion hingeben, dass diese Reform in kürzester Zeit wirke, da das sozialistische Wirtschaftssystem, anders als die freie Marktwirtschaft, nur langsam reagiere. Trotzdem blicke man wieder etwas zuversichtlicher in die Zukunft.

Am Samstag, dem 27.02.1982 haben wir dann, nach herzlicher Verabschiedung und mit Segenswünschen für uns für eine glückliche Heimreise und besonders für die Pfarrgemeinde Lindenholzhausen, die Rückfahrt angetreten. Von Krakau, über Bedzin, Oppeln, Breslau, Görlitz bis zum Grenzübergang zur DDR.

Hier noch ein Schmankerl. Als uns der polnische Grenzer kontrollierte, sah er im Führerhaus unsere Kiste, in der wir Schokolade u. s. w. mitgeführt hatten. Er fragte was in der Kiste sei. Rainer sagte Schokolade, gab ihm 2 Tafeln mit den Worten „für ihre Kinder". Dessen geschultes Auge hatte aber erkannt, dass noch 6 Tafeln in der Kiste waren. Darauf der Zöllner „Oh, ich habe 6 Kinder". So ging nun unsere letzte Gabe dahin. Unser Bestand war am Anfang gewesen: 20 St. 1/2 Pfund Kaffe, 60 Tafeln Schokolade, 30 Packungen Zigaretten.

Der Grenzer untersuchte dann noch meine persönlichen Sachen, fand eine Packung Tabletten und fragte „Was ist das?" – Antwort „Grippetabletten" – Darf ich nehmen?" – „Ja" – Dann aß er eine, zwei, drei, worauf ich sagte „nicht so viel“ – Darauf entgegnete er: „Oh, ich viel Grippe ...“ und ich gab ihm dann die ganze Packung.

Schließlich konnten wir weiterfahren. Bautzen, Dresden, Karl Marx Stadt, Gera, Jena, Weimar, Gotha, zuletzt Wartha. Die Grenzkontrollen dauerten hier ca. 1 Stunde. Dann noch die Fahrt durch den sogenannten Todesstreifen nach Deutschland West. Es ging sozusagen eine Tür wieder hinter uns zu, die sich drei Tage für uns geöffnet hatte.

Um 00:15 Uhr ging eine strapaziöse Fahrt zu Ende. Wir waren wieder in der Heimat angekommen. Von einigen Vertretern vom Pfarrgemeinderat, vom Verwaltungsrat und unseren Familien wurden wir herzlich in Empfang genommen.

Wir glauben, dass dieses Unternehmen eine gute Sache war, da es einigen Bedürftigen in großer Not geholfen hat.

Alle, die Jugendlichen mit ihrer Idee, die Organisatoren, die Spender, die Helfer und auch wir Fahrer können stolz auf das Geleistete sein.

*Quelle: Heinz Schmitt*

## Bombardierung des Ortskerns am 25. November 1944

In den Kriegsjahren ließen etliche Leute den Weizen, auch Roggen in der Mühle in Eschhofen bei Kalteier zu Mehl mahlen. Das Mehl wurde zum Bäcker gebracht, der es registrierte und zum jeweiligen Brotbedarf verrechnete. Genauso wurde es in unserer Familie gemacht. Auch an jenem unseligen Tage am 25. November.

Mein Bruder Albert und ich waren beauftragt, von auf unserem Hausspeicher lagernden Weizenkörnern zwei Säcke abzufüllen und zu wiegen. Als wir damit fertig waren, ging Albert schon hinunter, ich aber stieg die Leiter hoch und öffnete das Dachfenster um hinaus zu schauen.

Draußen war es tief bewölkt. Dann hörte ich ein weit entferntes Brummen und über dem Nauheimer Kopf stiegen plötzlich etliche Rauch- und Staubwolken auf. Es war von Bomben, die vorher in Nauheim gefallen waren. Gleichzeitig kam aus einer anderen Richtung ein anderes brummendes Geräusch auf mich zu. Es kam immer näher und wurde lauter, ich konnte aber wegen der tiefen Bewölkung noch keine Flieger sehen.

Während das Geräusch weiter lauter wurde, hörte ich plötzlich ein Zischgeräusch und ich sah die fallenden Bomben auf mich zukommen. Mit großen Sätzen raste ich zwei Treppen hinunter und schrie: „Bomben fallen!"

Schon im Hausgang kamen mir Vater und Mutter entgegen und es ging aufgeregt rufend sofort in den Keller. Bevor wir dort ankamen, war alles wieder ruhig und schien vorbei.

Als wir die Haustüre öffneten war draußen alles ganz finster und dunkel vom Dreck und Staub, der in der Luft herumflog. Sobald sich dann Dreck, Strohreste und Staub wieder gesetzt hatten und die Luft etwas klarer wurde, sah ich, dass bei Waansich Schorsch Rompel – bei uns Goldschmieds gegenüber – vom

Dachstuhl des Stalls alle Ziegel weggeflogen waren. Ja, und das unglaubliche dabei war, dass auf einem Balken neben dem Kamin ein totes Schwein zwischen Balken und Sprossen hing! Dieses Schwein stammte vom Haus des Jakob Otto in der Schulstraße und ist durch den Bombendruck bis zu uns geschleudert worden. Auch Jakob Otto selbst lebte nicht mehr.

Meine Schwester Maria und ich sind dann gegenüber bei Bubbese Oma durch Scheune und Garten zum Schulhof gelaufen, um zu helfen.

In der Schulstraße lag alles kreuz und quer voll Schutt und Asche von Häusern.

Ganze Dachteile von den zerbombten Häusern der Familien Kraus und Dernbachs (Schickels) lagen auf der Stiegelstraße.

Die Leute, die zum Helfen gekommen waren, berieten darüber, was zuerst zu tun sei. Ich hörte, wie sie sagten, dass ím Hauskeller von Krause bei jedem Fliegeralarm Leute Schutz vor den Bomben suchten. Denn dieser Keller war mit einem stabilen Deckengewölbe gemauert worden und bot daher besonderen Schutz.

Sofort begannen alle diese Stelle freizuräumen. Durch Rufen versuchten sie Kontakt zu den Verschütteten zu bekommen. Meine Schwester Maria und ich halfen mit. Währenddessen vernahmen wir ein Klopfen von unten her kommend. Es spornte die Helfer noch mehr an, als Stimmen zu hören waren. Schon bald rief jemand: „Ihr müsst euch beeilen, wir stehen schon bis über die Knie im Wasser! Die Wasserleitung ist kaputt“.

In diesem Durcheinander ging die Arbeit weiter. Wie lange es dauerte bis die Verschütteten befreit werden konnten, weiß ich nicht mehr.

Ein Stück weiter oben in der Stiegelstraße, zwischen Schul- und Fahnenstraße, waren noch weitere Häuser zerstört.

Dort lag auch das zerbombte Haus der Familie Fachinger, genannt „Botebachs Alex“ mit seiner Schusterei. Es lag völlig in Trümmern. Hier waren ebenso Helfer beim Räumen.

Was ich dann dort sah und erlebte hat mich total geschockt. Auf einmal ragte ein Kopf aus den freigelegten Trümmern heraus, der fast leblos zur Seite hing. Ich konnte erst nicht genau erkennen, ob es Günter oder Alfons Fachinger war, aber es war ein Sohn der Familie, der dann doch noch lebend geborgen werden konnte.

Nicht weit entfernt davon war der Bombentrichter von der eingeschlagenen Bombe, ein verschüttetes Schwein hatte sich bereits mit seiner Schnauze bis zu den Vorderbeinen freigewühlt.

Für Vater Alex Fachinger und Töchterchen Gertrud kam jede Hilfe zu spät.

Die gesamte Bilanz des Schreckens des 25. November 1944:

Von Bomben getroffen wurden sechs Wohnhäuser und vier Scheunen.

Die Wohnhäuser von Jakob Otto, Robert Kremer, Ferdinand Dernbach, Theo Kasteleiner, alle in der Schulstraße, sowie das von Alex Fachinger in der Fahnenstraße und das von Johann Kraus in der Stiegelstraße.

Die Scheunen von Josef Dernbach (Stiegelstraße) sowie von Jakob Rompel, Josef Dornoff und Georg Rompel (alle in der Wendelinusstraße).

Ums Leben kamen Jakob Otto, Magdalena Dernbach (Schulstraße) sowie Alex Fachinger mit seinem Töchterchen Gertrud (Fahnenstraße).

Verletzt wurden vier weitere Kinder und zwei Erwachsene.

*Quelle: Bernhard Rompel*

## Der 25. November 1944

Den 25. November 1944 werde ich wohl nie vergessen. Da zu dieser Zeit die Hans-Scheuer-Schule (ehemalige und heutige Marienschule) geschlossen wurde, weil sie zu einem Lazarett umfunktioniert worden war, mussten meine Schwester und ich wieder zurück zur Volksschule in Lindenholzhausen. Gegenüber der alten Schule in der Schulstraße war das Elternhaus meines Vaters, dort wohnten Oma und Opa Dernbach.

Am 25.11.1944 gab es im Laufe des Vormittags Vollalarm. Alle Schüler stürmten aus der Schule. Dort traf ich eine meine Schwester und wir fragten uns, bleiben wir bei der Oma oder laufen wir nach Hause? Wir sausten schnell nach Hause in die Frankfurter Straße.

Da unser damaliger Vermieter keinen Luftschutzkeller hatte, hielten wir uns in der „Futterküche" ebenerdig auf. Von dort aus sahen wir die schweren Kampfverbände niedrig übers Dorf fliegen und schon sahen wir die ersten Bomben fallen. Nachdem wir uns vom Schrecken erholt hatten, bat mich meine Mutter, dass ich einmal nachsehen solle, was geschehen war, denn unsere beiden Großeltern wohnten doch im Oberdorf.

Ich lief also schnell in Richtung Schul- und Fahnenstraße. Als ich aber bei der Wendelinuskapelle ankam, verließ mich der Mut. Auf der anderen Straßenseite brannte eine Scheune lichterloh und es herrschte ein großes Durcheinander in Richtung Schulstraße.

Ich lief wieder nach Hause und sagte zur Mutter, ich kann das nicht, bitte geh du nachsehen, was los ist. Mutter übergab mir die Aufsicht über meine Geschwister, meine Schwester Medi und meinen kleinen Bruder sowie ein Baby von 12 Monaten.

Es stellte sich heraus, dass unsere Großmutter begraben unter den Trümmern ihres Hauses in der Schulstraße lag und nicht mehr lebte. Rund um die Schule waren vier Häuser durch Sprengbomber getroffen worden und es gab noch weitere vier Tote, darunter auch ein 5-jähriges Kind.

Unser Großvater, der inzwischen zu Fuß vom Limburger Bahnausbesserungswerk nach Lindenholzhausen gelaufen war, nahmen wir (unsere Mutter und wir vier Kinder) bei uns auf. Er war so erschüttert, dass er in der folgenden Zeit bei Fliegeralarm nie mehr einen Keller aufgesucht hat.

Zur Beerdigung von Großmutter bekamen ihre drei Söhne Heimaturlaub. Für den jüngsten Sohn war das ein letztes Wiedersehen, denn er wurde an der russischen Front tödlich verletzt und hat seinen später geborenen Sohn nie gesehen.

*Quelle: Lydia Jung geb. Dernbach*

# Wie ich nach Lindenholzhausen kam

Aus Schlesien, knapp meiner Kindheit entwachsen gelangte ich nach langer gefahrvoller Odyssee, mit der deutschen Wehrmacht als Veranstalter, nach Lindenholzhausen.

## Verlegung nach Lindenholzhausen

Nach einigen Tagen Dienst in der Flakeinheit in Berlin kam der nächste Marschbefehl, mit neuem Ziel Frankfurt am Main. Das Bahnfahren wurde aufgrund der Tieffliegergefahr zunehmend gefährlicher. In Frankfurt bin ich gar nicht erst ausgestiegen; ein Teil unserer Marschgruppe wurde noch im Zug nach Lindenholzhausen weiterbefohlen. Am Bahnhof Lindenholzhausen sind wir ausgestiegen, ein Fähnrich übernahm die Gruppe und führte uns ins Quartier im ersten Stock der Schule von Lindenholzhausen.

Schulunterricht gab es dort bis zum Kriegsende keinen mehr. Alle Schulräume waren von der Wehrmacht belegt. Erinnern kann ich mich noch an eine Gruppe Pioniere, die später das Ende der Limburger Autobahnbrücke herbeiführten. „Heute Nacht gibt´s einen schönen Knall" rief uns ein Pionier am 26.März zu. In dieser Nacht wurde die neue, erst in 1939 errichtete Limburger Autobahnbrücke gesprengt.

Für uns stand Ausbildung am 2cm Flakgeschütz auf dem Dienstplan. Ein Fähnrich leitete die Ausbildung an der Flakstellung im Lee, (links vom Mensfelder Weg ungefähr auf halber Strecke zwischen Lindenholzhausen und der Einmündung zur B417). Wir lösten die Flakhelfer der Hitlerjugend, Flakbuben genannt ab, die bisher die Stellung gehalten hatten. Was mit den Hitlerjungen weiter geschah ist mir nicht mehr erinnerlich, hoffentlich haben sie das Ende überlebt und wurden nicht in einem sinnlosen, letzten Einsatz verheizt.

## Erster Einsatz und Kriegsende

Unser erster Einsatz als fertige Flaksoldaten war für den nächsten Tag am Flugplatz in Linter vorgesehen. Wir sollten die Flakstellung am Ortsausgang, dort wo sich heute das Freizeitgelände befindet, besetzen. Mein Platz war Richtschütze am Vierlings MG. Zu einem scharfen Schuss ist es allerdings nicht mehr gekommen. Ich war eifrig am Gurten der MG-Munition, als unser Fähnrich das Fehlen einiger meiner Kameraden bemerkte. Zwischenzeitlich hatten sich diese wieder nach Lindenholzhausen abgesetzt.

„Holen Sie sofort Ihre Kameraden zurück" befahl er mir wutschnaubend. Also machte ich mich auf dem direkten Weg nach Lindenholzhausen, dabei überquerte ich die zu diesem Zeitpunkt noch leere Autobahn – das sollte sich jedoch bald ändern, denn leer war sie nicht mehr lange. Meine Kameraden fand ich zusammen mit altgedienten Landsern am Kapellchen. Nach einigem Hin und Her machten wir uns gemeinsam auf den Weg zurück nach Linter. Die Autobahn, immer noch leer, überquerten wir oberhalb der Brücke, auf dem direkten Weg zu unserer Stellung. An der Autobahnböschung auf der Linterer Seite angekommen, sahen und vor allem hörten wir die ersten amerikanischen Panzer auf der Autobahn in Richtung Frankfurt rollen.

Die Amerikaner waren schon da! Was tun? Nach Linter zu unserem befohlenen Posten wollte nun keiner mehr.

Wir drückten uns eng an die Böschung in der Hoffnung nicht gesehen zu werden. Nach der ersten Kolonne entstand eine Lücke, die wir nutzten, um an der Böschung entlang wie die Hasen zur Brücke zu laufen. Unter der Brücke trafen wir auf eine Gruppe erfahrener Landser, die für sich das Kriegsende beschlossen hatten. Ihre Waffen und Munition türmten sich im Straßengraben unter der

Brücke. Wir warfen unsere dazu. Mein schönes Gewehr, welches ich immer mit Sorgfalt gepflegt hatte, wanderte ebenfalls auf den Haufen.

Die Landser, wir konnten uns als solche noch nicht bezeichnen, wir waren verängstigte Jugendliche, die einen Ausweg aus dem Chaos suchten, beschlossen unter der Brücke auszuharren, um sich bei passender Gelegenheit von den Amerikanern gefangen nehmen zu lassen.

Alle waren wohl nicht dieser Meinung, denn einer schickte sich plötzlich an mit Hilfe einer Handgranate die Munition zu sprengen. Ob er damit die Brücke sprengen wollte, um den Vormarsch der Amerikaner aufzuhalten? Wir bekamen es jedenfalls mit der Angst zu tun und liefen über den Mensfelder Weg, ein weißes Unterhemd an einen Stock gebunden schwenkend, ins Dorf. Hier war niemand mehr auf der Straße, alles wartete voller Angst in den Häusern und Kellern auf das Ende. Geradezu gespenstisch waren die Stille und die weißen Bettlaken, die aus den Fenstern hingen.

## Die Stunde „Null" - Erster Nachkriegstag in Lindenholzhausen

Jegliche Ordnung im Dorf war zusammengebrochen. Keine der Amtsautoritäten mehr präsent. Dazu eine kleine Episode, noch am Tag zuvor hatte ich mit einigen Kameraden das Auto des damaligen Bürgermeisters von Lindenholzhausen, es wollte nicht starten, angeschoben.

So konnte er seine Flucht nach Bayern antreten. Zum Zeitpunkt unserer automobilen Hilfeleistung wussten wir weder wem wir da Starthilfe gegeben hatten, noch dass er mit seinem Automobil das sinkende Schiff verlassen wollte.

Wir 17-jährigen Jungs waren nun auf uns gestellt, es gab niemanden der uns Befehle erteilen konnte. Alleine ohne Perspektive standen wir am Kapellchen.

Aus Richtung Autobahn hörten wir die amerikanischen Panzer gen Frankfurt rollen. Was war nun zu tun?

Mittlerweile rollten die Angriffsspitzen, allerdings ohne anzuhalten, aus Limburg kommend auch über die Chaussee, die Frankfurter Straße in Richtung Niederbrechen. Als wir das bemerkten, verließen wir die Frankfurter Straße und suchten Deckung im Ort außerhalb amerikanischer Sichtweite. Noch waren keine GI´s im Dorf, aber das war nur eine Frage von Stunden. Das drängendste Problem war, die verräterische Wehrmachtsuniform loszuwerden.

Um das zu bewerkstelligen, hofften wir auf die Unterstützung der Hollesser. Einige von uns hatten in den vergangenen Wochen freundschaftliche Kontakte in Lindenholzhausen geknüpft, vorwiegend zu Mädchen in unserem Alter mit denen wir in der dienstfreien Zeit Spaziergänge unternommen hatten.

## Uniformen in die Puddelkaut, Nachtquartier bei Baldesse Anton

Wir beschlossen uns zu trennen und jeweils unsere Bekannten im Dorf aufzusuchen, nicht ohne uns für den Abend an der Bürgermeisterei zu verabreden. Mein Weg führte mich zu Anneliese Kremer in der Schulstraße. Mit Ihr hatte ich mich angefreundet. Von Anneliese erhielt ich Zivilklamotten, meine Uniform entsorgte ich in Kremers‘ Puddelkaut, bis auf mein Koppel. Als Gürtel bzw. Leibriemen leistete es mir in den darauffolgenden Jahren noch gute Dienste bei der Arbeit – und natürlich hatte ich das Hakenkreuz fein säuberlich aus dem Koppelschloss gefeilt, es sozusagen „entnazifiziert“.

Meine Kameraden hatten ähnliches Glück: In der Hohl gab es beispielsweise eine Familie mit drei Töchtern, die uns wohlgesonnen Kleiderspenden leisteten. Wo sonst überall im Dorf die Verwandlungen vom Soldaten zum Jugendlichen stattfanden habe ich vergessen.

Wie auch immer, am Abend trafen sich zwei Handvoll magere Jugendliche in zum Teil am Körper schlotternder Garderobe an der Bürgermeisterei, dem heutigen Brunnenplatz oder Hydepark.

*Brunnenplatz um 2010 – gezeichnet von Patrick Weifenbach*

Wir hatten alle die Verwandlung ins Zivile erfolgreich geschafft. Nun galt es, eine Schlafgelegenheit zu finden. Kurzerhand fragten wir bei Baldesse Anton Senior, der uns erlaubte im Stall zu nächtigen. Mit den Worten, „da habt Ihr es schön warm, aber nicht rauchen!“ schickte er uns ins Schlafquartier. Nun lagen wir im Tiefschlaf bei Baldesse Anton im Kuhstall. Unser Schlaf muss wirklich sehr tief gewesen sein. Morgens weckte uns Anton mit der Nachricht „Jungs, ihr habt Glück gehabt, heute Nacht war die MP (amerikanische Militärpolizei) hier, um versteckte Soldaten aufzuspüren. Die haben nur in der Scheune gesucht, nicht im Stall". Wir hatten die Suchaktion verschlafen, gut so!

Wie sollte es jetzt weiter gehen, beim Anton konnten wir nicht bleiben.

## Bauernknecht bei Waanisch

Die Lösung ergab sich von selbst. Im Dorf gab es viele Landwirte und Landwirtssöhne, die noch nicht wieder zu Hause waren: Viele würden auch nicht mehr zurückkommen, ihre Arbeitskraft wurde schmerzlich vermisst.

Die zwangsverpflichteten Kriegsgefangenen auf den Höfen waren nicht mehr bereit für die Deutschen zu schuften und zum Teil auch schon auf dem Weg in ihre Heimat. Arbeitskräfte in der Landwirtschaft wurden daher dringend gebraucht. Anton gab uns Hinweise, wo wir versuchen sollten unterzukommen. Mein Weg führte mich zu Waanisch Jersch, Georg Rompel Senior, in der Wendelinusstraße. Seine Söhne Georg und Eugen waren in Kriegsgefangenschaft, so wurde ich als Helfer dankbar aufgenommen. Die Hausgemeinschaft bei Waanisch bestand damals aus Jersch, seiner Frau Katharina, den Zwillingen Liesel und Gretel sowie Gina, der Jüngsten.

Die nächsten Monate verbrachte ich als Knecht bei Waanisch, die Entlohnung be-stand aus freier Verpflegung und Logis.

## Der Altbürgermeister ist wieder im Amt

Langsam kehrte so etwas wie Ordnung im Dorf ein. Von den Amerikanern wurde Altbürgermeister Georg Rompel wieder in sein Amt eingesetzt. Er stellte mir unbürokratisch einen Registrierschein als Ersatzausweis aus und einen Kleiderbezugsschein zur Ergänzung meiner Garderobe. Im Besitz des Registrierscheines konnte ich nicht mehr als Wehrmachtsangehöriger aufgegriffen werden.

Für den Bürgermeister gab es jede Menge zu tun, die alte Ordnung war zerstört, alles musste neu organisiert werden. Heutzutage unvorstellbar, wie eine Dorfgemeinschaft das Überleben nur durch Solidarität und praktische Mitmenschlichkeit geschafft hat, ohne übergeordnete Bürokratie und ohne allesregelnde allmächtige Verwaltung.

Ab 1946 wurden mehr und mehr Flüchtlinge und Vertriebene aus den ehemaligen Ostgebieten zugewiesen, die in den damit überfüllten Dörfern auch noch Platz finden mussten. Neben den Gutwilligen, die zwar murrten aber zusammenrückten um Platz für die Flüchtlinge und Vertriebenen zu schaffen, gab es auch Unwillige, die sich verweigerten, die waren aber in Lindenholzhausen in der Minderheit.

Zurück zu meiner Tätigkeit bei Waanisch Jersch. Im Herbst 1945 kam Wilhelm Dauderich, ein ehemaliger Wehrmachtssoldat, der nicht mehr in die Ukraine, seine Heimat zurückehren konnte.

Wilhelm war älter und stärker als ich, er übernahm meinen Posten bei Waanisch.

## Knecht bei Geise Alex

Meine Arbeitsstelle bei Waanisch Jersch hatte ich nun verloren, er avisierte mich aber bei Alex Rompel (Geise Alex) und empfahl mich als brauchbarer Knecht. So bin ich bei Geise auf der Chaussee als Knecht untergekommen.

Alex, seine Frau Susanna, genannt Sann und die beiden Töchter Irmgard und Elvira, besonders Irmgard, waren mir zugetan. Um es vorweg zu nehmen 1957 heirateten Irmgard und ich, wir wurden Eltern von drei Kindern und unsere Verbindung dauert in aller Harmonie bis heute an.

Aber zunächst war ich Knecht bei Geise Alex, bewohnte ein Mansardenzimmer in der Frankfurter Straße 12. Landwirtschaft war mir nicht fremd, so wurde ich zu allen anfallenden Arbeiten herangezogen, durchaus auch in meinem erlernten Beruf als Zimmermann.

*Bild: Zimmerarbeiten bei Geise Alex im Hof – 1948*

Die Aufnahme bei Geise war freundlich, nach kurzer Zeit war ich integriert und gehörte quasi zur Familie – zunächst de facto und ab 1957 auch de jure.

## Meine Kameraden

Meine Kollegen aus unserer ehemaligen Heldentruppe fanden ebenfalls Anstellung; mir sind noch erinnerlich:

- Konrad Wolf bei Meuisch Jupp in der Kirchfelder Straße
- Rudi Seidel bei Paulinus Simonis, Gasthaus zur Krone
- Günther Dimini bei Aschoons, Frankfurter Straße

*Bild v. l.: Conrad Wolf, Günther Dimini, ich, Rudi Seidel – 1945*

Was aus den Anderen geworden ist? Ich vermag es nicht zu sagen – hier lässt mich mein Gedächtnis leider im Stich.

Wir haben aber solange wir gemeinsam in Lindenholzhausen waren zusammengehalten und manches Schöne erlebt. Eine Episode fällt mir dazu ein: Rudi Seidel, bei Pauls im Dienst, hatte eines Tages die verwegene Idee Schnaps zu brennen.

Meine Aufgabe war es die Zuckerrüben zu beschaffen. Kein Problem, Geise Alex stiftete die Rüben für den guten Zweck. Die Rüben wurden geschnitzelt und mit Wasser eingemaischt. Zwischenzeitlich wurden Kupferröhren und weiteres Zubehör beschafft.

Rudi Seidel bekam die Erlaubnis Pauls Waschküche zu nutzen. Der Waschkessel wurde für die geplante Umnutzung hergerichtet.

Abends traf sich unsere Truppe in Pauls Waschküche. Der Kessel wurde angefeuert, die Maische eingefüllt, der Deckel abgedichtet. Wir starrten gebannt aufs Röhrchen aus dem es alsbald zu tröpfeln begann. Die Waschküche war nur durch eine Wand vom Abort getrennt, dessen Besucher bemerkten den ungewöhnlichen Geruch und rätselten woher er denn wohl käme. Wir verhielten uns ruhig, so kam uns keiner auf die Schliche.

Bald schon war unser selbstgebrannter Zuckerrübenschnaps fertig. Eine Zeitlang waren wir damit beschäftigt, das wertvolle Ergebnis zu verkosten, aber um ehrlich zu sein, das Zeug hatte es in sich. Nach wenigen Gläsern machte uns der ungewohnte Alkoholgehalt kampfunfähig, unsere Karriere als Schnapsbrenner endete schneller als sie begann.

Soweit zu meinem Start in Lindenholzhausen. Trotz schwieriger Ausgangslage hat sich alles zum Guten entwickelt. Wenn ich als nun über 90-jähriger alter Herr zurückschaue, so blicke ich letztendlich doch in tiefer Dankbarkeit zurück.

*Quelle: Martin Bartsch*

## April 1945

Im April 1945, dem letzten Kriegsjahr kam die Front immer näher.

Ich war am 12. April dreizehn Jahre alt geworden und unsere Mutter und wir vier Kinder hatten alle große Angst wie es weiter gehen würde.

Die deutschen Soldaten hatten die große Limburger Autobahnbrücke gesprengt und die amerikanischen Soldaten standen vor Limburg.

Auch hatten noch einige deutsche Soldaten vor, unser Dorf zu verteidigen.

Bei uns wohnte mein Großvater Ferdinand Dernbach senior, da er im November 1944 beim Bombenangriff sein Haus in der Schulstraße und unsere Oma verloren hatte.

In der Karwoche fuhr ein amerikanisches Auto durch die Straßen und gab bekannt, dass alle Häuser weiße Fahnen zu hissen hätten, sonst käme es zum Gefecht.

In Ermangelung weißer Fahnen hängten wir weiße Bettlaken aus den Fenstern und hofften voller Angst, dass nicht geschossen würde.

Um ca. 17:00 Uhr kamen mit großem Lärm die ersten Panzer über die Frankfurter Straße gerollt. Ängstlich schauten wir die großen Ungeheuer an. Auf den Panzern saßen amerikanische Soldaten und zum ersten Mal in meinem Leben sah ich auch farbige Soldaten. Unsere Angst vor ihnen legte sich bald, denn sie waren sehr freundlich und warfen uns Kindern lachend Süßigkeiten zu.

Was dann aber folgte, war für unsere Familie schrecklich.

Da wir in dem Haus des damaligen Ortsbauernführers Franz Rompel wohnten, mussten wir die Wohnung verlassen. Die amerikanischen Soldaten stürmten herein, sie nahmen sie sofort in Beschlag. Sie legten sich in voller Montur mit

Schuhen in unsere Betten. In unserem Wohnzimmer setzte sich ein Soldat mit brennender Zigarette an unser Klavier. Als sich unsere Mutter entsetzte, griff ein Offizier ein und half unserer Mutter einen Teppich über das Instrument zu legen.

Unser Opa Dernbach griff sich schnell Vaters gutes Cello und ging damit durch die Gärten in die Fallbornstraße zu Tante Josefine.

Nun mussten meine Mutter und wir vier Kinder, das Jüngste vier Monate alt, schnell das Nötigste zusammenraffen, da auch wir die Wohnung verlassen mussten.

Wir sind dann in die Fahnenstraße zu unseren Großeltern Breser geeilt, da um 18:00 Uhr schon Sperrstunde war. Dort war es auch nicht leicht unterzukommen, denn dort wohnte auch schon eine ausgebombte Familie aus Frankfurt, Frau Gebhard und Tochter Isolde.

Irgendwie haben wir uns dort fünf Tage beholfen, dann durften wir wieder zurück in unsere Wohnung.

Diese war in einem schrecklichen Zustand, alles voller Dreck und überall Brandlöcher auf Tisch und Schrank, denn in diesen Tagen war der Strom abgeschaltet worden, weswegen Kerzen benutzt wurden.

Nach ein paar Tagen hatten wir die Wohnung gesäubert, mit den wenigen Mitteln die es überhaupt noch gab.

Nun hofften wir, dass unser Vater, der ja noch im Krieg war, wieder heil nach Hause käme.

*Quelle: Lydia Jung, geborene Dernbach*

## Sprachverwirrungen 1945

Die ersten Flüchtlinge oder Heimatvertriebene aus den deutschen Ostgebieten waren in Lindenholzhausen angekommen, die meisten kamen aus dem Sudetenland. Es waren über zweihundert Personen, die hier untergebracht wurden. Die Einheimischen mussten behördliche Einweisungen hinnehmen und rückten zusammen, räumten ein oder zwei Räume, in denen sich die Flüchtlinge notdürftig einrichteten.

Die Fremden hatten kaum Gepäck, einige Koffer, Kisten und Körbe, die sie aus der Heimat bei der Vertreibung mitnehmen konnten.

Ihre Sprache (Dialekt) war anders, klang fremd, ebenso wie die unsere teilweise fremd und unverständlich für sie war. Daraus ergab sich so manches Missverständnis.

Es ergab sich, dass eine Lindenholzhäuser Hausfrau in Verlegenheit für ein Behältnis für die Obsternte kam.

Sie wollte sich einen großen Korb, den sie bei den Leuten gesehen hatte, für zum Ernten für einige Stunden ausleihen. Es entwickelte sich folgender Dialog:

„Gure" und weiter freundlich: „Kann aisch emol deij Mann huh?"

Das war der Flüchtlingsfrau doch zu viel! Sie schimpfte los:

„Erst sagen Sie Hure zu mir und dann wollen Sie noch meinen Mann: Das ist zu viel, das ist ja schlimmer als bei den Russen!"

Beleidigt und gekränkt wies sie die Bitte entschieden zurück.

Zum Glück hatte ein Nachbar die Szene verfolgt, doch es dauerte lange, bis er die Frau beruhigt hatte und das Missverständnis, das die vermeintliche

Unverschämtheit ausgelöst hatte soweit klären konnte, bis alle darüber lachen konnten.

Die ortsübliche Begrüßung bei uns war und ist auch heute noch: „Gure“ für „Guten Tag“. Ein „Mann“ war die Bezeichnung für einen großen „zweihenkligen Korb“.

Diese Begebenheit hat mir Frau Uttler, die später in der Frankfurter Straße wohnte, berichtet.

Die Uttlers waren öfter bei meinen Großeltern, die sie unterstützten, zu Gast.

Aus Dankbarkeit haben sie mir ein Kissen mit einem aufgemalten Schutzengel gegeben, das sie aus der Heimat mitgebracht haben.

Das Kissen hatte viele Jahre einen Ehrenplatz auf Omas Sofa.

*Quelle: Lothar Stein*

## Kriegserlebnisse als Kind

Wir waren eine große Familie, die alle ernährt werden mussten. In den letzten Kriegsjahren gab es nur noch eingeschränkte Lebensmittel oder Waren, die man nur durch angeordnete Bezugsscheine bekommen konnte. Alles wurde nur noch dem Militär und Soldaten zugeteilt, die bereits an drei Fronten kämpften.

Armut und Hunger waren besonders groß bei den Frauen und Kindern, deren Ehegatten und Väter im Krieg waren. Alle versuchten aus den Gärten oder durch Hilfe in einem landwirtschaftlichen Betrieb etwas für die Ernährung zu bekommen. Wer etwas Landbesitz hatte versuchte – auch wie bei uns zu Hause – Schweine zu halten, die bei Bedarf geschlachtet werden konnten. Viele Leute kamen von den Städten und hackten oder wühlten im Herbst die abgeernteten Kartoffeläcker durch, um ein paar Kartoffeln zu finden.

Viele kriegsgefangene Soldaten, Franzosen und Polen, wurden in der Landwirtschaft in Betrieben eingesetzt. Dies war auch bei uns der Fall, da bereits unsere Brüder Josef, Alfons, später auch Franz im Krieg waren. Der Franzose namens Maurice arbeitete in der Schmiede und machte auch den nötigen Hufbeschlag bei Pferden. Er war bei unseren Kunden sehr beliebt. Um sechs Uhr gegen Abend mussten die Gefangenen wieder ins Lager im Saalbau von Franze (Arthen), in dem später Helmut Schwarz als „Kino Pfaff" Spielfilme zeigte.

### Bombardierung des Militär-Lagers

1943 wurden zu der Verteidigung des deutschen Vaterlandes auf dem Sportplatz in der Mensfelder Straße Soldaten stationiert. Sie waren in zwei größeren Zelten einquartiert und zum Kampf bereit. Die Aufklärer der Amis, die überall in der Luft zur Beobachtung eingesetzt waren, entdeckten jedoch das Militär-Lager. So kamen kurz nach der Einrichtung etliche Flugzeugbomber angeflogen und warfen einen größeren Bombenteppich mit lauter kleinen Splitterbomben ab. An diesen Bomben befand sich am hinteren Teil ein Leitwerk, so dass der Zünder vorne zuerst aufschlug und diese dadurch direkt beim Auftreffen und so noch über dem Boden explodierten. Die Splitter durchlöcherten alles, was im Wege stand. Ein wenig Glück hatten die Soldaten in den Lagern, weil der Bombenteppich nicht zielgenau, sondern die meisten westlich davon gefallen sind. Wir erlebten den Bombenangriff so, da es kurz vorher Fliegeralarm gab und unmittelbar danach schon die Flugzeuge zu hören waren. Wir liefen sofort in den Keller. Plötzlich hörten wir dann ein donnerndes, rummelndes, vibrierendes und ein bebendes Geräusch. Minuten danach war alles ruhig, still und wieder vorbei. Wieder draußen angekommen, kamen mehrere Soldaten zur Wendelinusstraße hin angelaufen, viele davon verwundet und blutig. Später sah man, dass die Splitter der Bomben Häuserwände und Geräte mit vielen kleinen Löchern versehen oder durchschlagen hatten. Wie zum Beispiel eine große Sämaschine mit Rädern, die mit einer großen Anzahl von Löchern durchbohrt war.

## Die „Jabos“

Eine große Gefahr waren die einmotorigen und wendigen englischen Flugzeuge, die „Jabos“ (Jagdbomber) mit ihrer roten Propellerschnauze. Im Tiefflug kamen sie plötzlich und überraschend angeflogen und griffen alles an, was sich bewegte. Dabei schossen sie gezielt auf Aktivitäten oder Objekte jeder Art. Ebenso warfen sie im Anflug ihre Bomben auf Bahngleise mit Zügen, sowie auf Transportfahrzeuge und Anlagen ab, um sie zu zerstören. Sogar Fuhrwerke und Leute bei der Feldarbeit wurden beschossen. Zum Gegenkampf und zur Abwehr waren deutsche Flugzeuge auf dem Linterer Flugplatz stationiert, die dann sofort zum Angriff starteten. Solch einen Angriff habe ich mit meinem Vater zusammen live und mit Angst erlebt, wobei wir am Wasserhaus in Richtung Mensfelden Schutz fanden. In diesem Luftkampf wurden zwei Flugzeuge abgeschossen.

Eines in der Gegend zwischen Autobahn und B8 in Richtung Limburg. Das andere stürzte in Richtung Hochfeld ab.

Die deutschen Flugzeuge vom Flugplatz wurden zum Schutz vor Angriffen und als Tarnung unter den Bäumen im Linterer Wäldchen abgestellt, von wo aus sie zum Flugplatz starten konnten. Auch ein Flakgeschütz, das gegen die feindlichen Flugzeuge im Einsatz war, stand getarnt etwas vom Ort entfernt Richtung Limburg. Die Soldaten, die dazu eingeteilt waren, waren ausgebildete Jugendliche, die sogenannten „Flakbuben", die das Geschütz beim nötigen Einsatz bedienten.

Die alliierten Feinde setzten alles zur Vernichtung und zum Untergang des Hitler-Reiches ein. Viele hunderte von Flugzeugen bombardierten die deutschen Städte zu Schutt und Asche. Die großen viermotorigen Flugzeuge flogen nachts mit schwerer Bombenlast in vielen Geschwadern hintereinander folgend zum Bestimmungsort des Abwurfs. Dieser Überflug dauerte meistens eine Stunde für den Hinflug. Ebenso lange dauerte es, nachdem sie ihre Bomben abgeworfen hatten wieder beim Rückflug. Diese ganze Zeit vom Fliegeralarm bis zur Entwarnung saßen wir mit etlichen Leuten im Keller, teils auf den angebrachten Obstgerüsten. Aus Angst wurde auch öfter gebetet. Das andauernde monotone Gebrumm der Flugzeuge reizte die Nerven.

## Pulver angezündet

Auf dem Bergerfeld vor dem Nauheimer Kopf ist ein viermotoriges amerikanisches Flugzeug abgestürzt. Ihre Besatzung kam dabei ums Leben. Bruder Albert und ich liefen dann zur Absturzstelle. Überall lagen Flugzeugteile weit verstreut. Auch viel Munition, teils noch in Kisten, fast lauter M6-Munition lag verstreut herum. Eine Kiste, die wir noch füllten und auch noch tragen konnten, schleppten wir zu einem gefundenen Versteck. Doch als wir diese später holen wollten, war sie verschwunden. Mit den Patronen stopften wir unsere Taschen voll und nahmen sie mit nach Hause. Im Nachhinein gesehen, war diese Aktion sehr gefährlich, denn von den mitgebrachten Hülsen entfernten wir den Geschosskern und nahmen das Pulver heraus. In manchen Hülsen befand sich ein Päckchen mit Pulver. Dieses streuten wir in Schlangenform auf die Straße. An einem Ende wurde das Pulver angezündet und wie ein glitzerndes Leuchtfeuer brannte es durch die ganze Schlange hindurch ab. Natürlich ließen wir bei all diesen Aktivitäten die nötige Vorsicht walten.

## Stärkung der Wehrmacht

In den Kriegsjahren von 1940 bis 1945 wurden sehr viele und strenge Forderungen an alle Bürger gestellt. Ganz besonders die ländlichen Gebiete somit auch die Bauern in der Landwirtschaft waren betroffen. Denn die aufzurüstende Wehrmacht mit mehreren Truppen musste gestärkt und auch ernährt werden. Um immer gut ausgerüstet, mobil und einsatzfähig zu sein, wurden fast alle Betriebe und Firmen auf die Produktion von Rüstungsgütern umgestellt. Den Landwirten zog man Nutzpferde ab, die dann in der Infanterie eingesetzt wurden. Tierzählungen wurden angeordnet. Schlachtschweine mussten bei Gloasenisch-Kath auf der Waage gewogen werden. Den Erzeugern genehmigte man nur ein kleines Jahreskontingent. Ebenso geschah es bei den landwirtschaftlichen Produkten, die geerntet wurden.

## Bezugsscheine und Kriegsende

Nur durch die angeordneten Bezugsscheine, die ausgestellt wurden, konnte man rationierte Lebensmittel, Schuhe, Kleidung oder einzelne Artikel beziehen. Im „Volksempfänger“ („Radio Hitlers“) konnte man den Kriegsverlauf und besonders Eroberungserfolge hören. Die großen Propaganda-Reden, die Hitler an das Volk richtete, dienten dazu, die Leute in seinem Kriegswahn mitzureißen und die

Siegesgewissheit zu stärken. Im letzten Kriegsjahr 1945, als die vordersten Fronten zusammen brachen und die Wehrmacht im Rückzug war, kam der Aufruf Hitlers (auch Goebbels) an die Soldaten und das Volk gerichtet: „Wir wollen den totalen Krieg und Kampf bis zum Ende!“

Die Städte lagen schon teils in Schutt und Asche. Dann kam der weitere Wahn Hitlers zur Mobilisierung des sogenannten „Volkssturms“. Dazu wurden alle verfügbaren Männer u .a. aus den Betrieben zum „Endkampf“ eingezogen. Diese „Volksfront“ sollte das Deutsche Reich doch noch retten. Aber die feindlichen Luftangriffe nahmen enorm zu. Sie kamen in immer größeren Geschwadern und zerbombten Städte und Industriezweige.

## Die Amis kommen

Im März 1945 kamen amerikanische Panzer und Militärfahrzeuge auf Limburg zu angefahren. Da die Autobahnbrücke kurz vorher gesprengt worden war, wurde von den amerikanischen Verbänden eine schwimmende stabile Notbrücke über die Lahn gebaut, die aus einzelnen Tendern bestand. Auf der Autobahn in Richtung Lindenholzhausen wurden die heranrückenden Amerikaner vom Mensfelder-Zollhaus aus unter Beschuss genommen, welche sofort mit Gegenfeuer antworteten. Im hinteren Gebäudeteil und im Umfeld sah man später noch die Löcher durch die eingeschlagenen Granaten.

## Reservetank eines Kampfflugzeugs als Boot genutzt

Die amerikanischen Kampfflugzeuge waren mit einem Reservetank ausgerüstet, um länger in der Luft bleiben zu können. Zum Anflug benötigten sie meistens eine weite Strecke. Wenn der Tank leer war, warfen sie ihn ab. Damit erreichten sie, dass Flugzeug leichter wurde, was bei möglichen Angriffen oder für Sturzflüge von Vorteil war. Überall waren diese Tanks auf den Äckern zu finden.

Diese wurden eingesammelt und an einer zentralen Stelle in der Nähe des Linterer Flugplatzes gelagert. Mein Bruder und ich hatten die Idee, daraus ein Paddelboot zu bauen, denn diese Tanks waren aus Leichtmetall und daher leicht zu transportieren. Eines Tages nahmen wir unser Leiterwägelchen und liefen damit nach Linter. Wir luden zwei Tanks auf uns banden sie mit Stricken fest. Kaum waren wir damit fertig, kam ein Mann rufend auf uns zugelaufen. Aber wir junge und flinke Buben sausten mit dem Wägelchen samt Tanks in Richtung Heimat davon, bis er uns nicht mehr verfolgte. Eine Zeit danach machten wir uns an die Arbeit, um daraus ein Paddelboot zu bauen. Wir sägten aus dem Oberteil ein Stück heraus und bauten eine Sitzgelegenheit zum Rudern hinein. Danach nahmen wir zwei dickere Brettstücke, eines vor und eines hinter dem ausgesägten Oberteil, bohrten Löcher hinein und verbanden die beiden Tanks miteinander zu einem Boot. Damit fuhren wir stolz auf dem Emsbach hin und her.

## „Gebt auf Soldaten“

Zur gleichen Zeit, als die amerikanischen Panzer auf der Autobahn heranrollten, waren noch etliche deutsche Soldaten der am Sportplatz stationierten Truppe in der Wendelinusstraße zusammen gekommen. Sie wollten an der B8 gegenüber dem Kapellchen – im Haus ehemals Gattinger – einen Ausfall machen. Doch etliche Anwohner redeten auf die bewaffneten Soldaten ein aufzugeben. Der Krieg sei sowie so verloren. Su wurde eiligst Zivilkleidung zusammen getragen: „Versteckt euch erst einmal im Wald, ehe ihr in Gefangenschaft geratet, von wo ihr euch dann später in eure Heimat absetzen könnt. Wir wissen einen möglichen Weg, in den Wald zu kommen.“ Dieser Fluchtweg führte über Langhobs Hof von Georg Heun und an dem Gartenschreiner vorbei zum Fallborn hin. So zogen die Soldaten noch bewaffnet und mit ihrer Ausrüstung durch den Hof zum Garten hin, bis zu dem Bombentrichter, der hinter unserem Schmiedegebäude lag. Er war bei dem Bombenangriff entstanden und voll mit Wasser. Einige Meter daneben stand noch der Stamm eines Obstbaumes mit fast kahlen Ästen. An diesem Stamm zertrümmerten die Soldaten ihre Gewehre und warfen diese mitsamt der Munition in das Wasser. Auch Uniformteile warfen sie hinein. Von da aus gingen sie zum Wingertswald, wo sie blieben, bis sich die Lage etwas beruhigt hatte.

## Die Amis kommen

Da die Panzer auf der Autobahn schon weiter rollten, gingen wir als Jugendliche zur Mensfelder Straße, dann ein Stück rechts ins Feld, um die Panzerkolonne zu sehen. Kurze Zeit am Dienstag, 27. März 1945, gegen 18:00 Uhr hörten wir, wie über einen Lautsprecher aus der Ferne gesprochen wurde. Wir liefen eiligst zur B8 in Richtung Kapellchen. Dort waren bereits fast alle Häuser mit weißen Bettlaken oder Bezügen behängt, als Zeichen für eine kampflose Aufgabe. Wir sahen, wie ein offener Militärjeep langsam angefahren kam, worin ein Offizier rief: „Ihr deutschen Landser, Soldaten, ergebt euch freiwillig und kommt heraus!" Der Jeep wurde von Soldaten mit Gewehren im Anschlag begleitet, um im Ernstfall zu schießen.

Die deutschen Soldaten waren früh genug abgezogen und verschwunden. Kurz darauf besetzten die amerikanischen Truppen mit ihren Fahrzeugen die gesamte Wendelinusstraße. Vor unserem Hof bei Goldschmieds (Haus Nr. 15) stand ihr Küchenwagen und die Kochstelle, dic für die Verpflegung der amerikanischen Soldaten sorgte. Aber als Erstes suchten die Soldaten alle Häuser und Bauernhöfe mit Hühner auf und sammelten deren Eier ein. Damit kamen sie zu uns und meine Mutter Gred holte die größte Pfanne, die wir hatten und backte darin die Eier. Dafür bekamen wir das helle amerikanische Weißbrot, das erste Weißbrot, das wir in unserem Leben gegessen haben. Wir hatten Glück, dass diese mobile Verpflegungsstelle vor unserem Hof stand, denn an einem Fischtag gab es Sardinen als Zwischenspeise. Hunderte von leeren Sardinenbüchsen landeten einfach in unserem Hof. Aber in vielen steckten noch Reste von den Sardinen. Diese waren für uns Buben eine Götterspeise, denn Ölsardinen hatten wir noch nie gegessen, nur Salzheringe aus dem Fass von Brums Gredas Tante Emmaladen in der Wendelinusstraße.

## Die Amerikaner im Ort

Das erste, was angeordnet wurde, war eine Ausgangssperre. Keiner durfte ab 18:00 Uhr mehr auf die Straße. Zur Unterbringung der amerikanischen Soldaten wurden etliche Häuser im Ort besetzt. Die Einquartierung war vor allem in Häusern auf der Frankfurter und Rübsanger Straße. Im Laufe der Zeit gesellten sich auch einige „Amiliebchen“ (wie wir sie nannten) zu ihnen.

In der Rübsanger Straße schauten die Soldaten gerne aus dem Fenster und es machte ihnen Spaß, den Jugendlichen ab und zu einmal eine Zigarette herunter zu werfen. Als wir Buben einmal dort waren, wurde uns auch etwas zugeworfen. Zuerst wussten wir nicht, was das war. Doch einer nahm es und blies es zu einer länglichen Form auf, bis zu einem Ballon. Das war für uns etwas Neues, womit wir spielen konnten, da keiner in dieser Zeit einen Ball besaß. Wir hatten viel Spaß beim Spielen. Auf der Wendelinusstraße kam ein älterer Mann dazu und versuchte mitzuspielen, darüber wunderten wir uns. Auf einmal erwischte er den Ballon und zerdrückte ihn mit einem lauten Knall. Im Nachhinein stellte sich heraus, dass unser Spielballon ein „Pariser“ (Kondom) gewesen war.

## Auflösung der vorhandenen Vorratslager der Wehrmacht

Da der Krieg nun zu Ende war, aber alle Vorratslager noch voll bestückt, kam dies jetzt der Bevölkerung zu Gute. In dem Lager von Niederbrechen lagen Schuhe, Strümpfe, Bekleidung für Soldaten sowie viele Säcke gefüllt mit Reis.

Da dieses Vorratslager nicht mehr bewacht wurde, war es wie ein unverhofftes Geschenk. Mein Vater, mein Bruder Albert und ich fuhren mit unserem eingespannten Pferd im Bauernwagen zum Lager. Dort war bereits schon ein großer Andrang, obwohl bekannt war, dass das Lager gesprengt werden sollte. Einen Sack voll Reis konnten wir ergattern und aufladen. Danach holten wir von den vorhandenen Strümpfen zwei gepackte Bündel. Bei den Schuhen suchten etliche schon nach passenden Größen. Wir drängten uns dazwischen und taten das Gleiche. Auch bei der Textilbekleidung nahmen wir mit, was wir gebrauchen konnten. Da auch Offiziersmäntel vorhanden waren, packten wir ein ganzes Bündel zum Mitnehmen zusammen, denn diese waren aus feinem Stoff. Da die Mäntel lang und groß waren konnte man den Stoff gut gebrauchen, um passende Kleidung daraus zu nähen. So habe ich meinen ersten Anzug bekommen, ein Schneider aus Brechen hat ihn nach Maß genäht.

Im Umkreis waren noch weitere Reservelager vorhanden. Ein Lager mit Tabakwaren, mit Zigaretten und Zigarren sowie ein anderes Lager mit Bettwäsche. In einem weiteren Lager in Wolfenhausen lagerten Hufeisen mit Schraubstollen, die für die Pferde der Infanterie bestimmt waren. Da mein Vater Schmied und Hufschmied war und es in dieser Zeit an Hufeisen mangelte, fuhren wir dorthin, um etliche zu holen. Mein Vater und ich schirrten unser etwas älteres Pferd namens Fanni an. Dann bereiteten wir den Bauernwagen vor, der noch Holzspeichen-Räder hatte. In Wolfenhausen angekommen luden wir so viele Hufeisen auf, wie möglich. Bei der Rückfahrt stellten wir jedoch fest, dass die geladene Last zu schwer war. Das Pferd konnte bei einer Steigung den Wagen nur mit Anstrengung ziehen. Mehrere Pausen mussten wir einlegen und bei der Weiterfahrt kräftig mit schieben und drücken helfen, so dass das Pferd es auch schaffte. Als Erinnerung an diese Fahrt habe ich noch etliche Hufeisen zu Hause.

*Quelle: Bernhard Rompel*

## Kirmes 1947

Neues gesellschaftliches Leben regte sich wieder langsam nach dem schrecklichen Kriege. 1947 wurde zum ersten Mal wieder die traditionelle Martini-Kirmes in Lindenholzhausen gefeiert.

Unser Jahrgang (1927) richtete die Kirmes aus und ich wurde Kirmesbursche. Die Organisation und Finanzierung des Festes mussten wir selbst in die Hand nehmen.

Dazu gingen wir von Haus zu Haus und verkauften Lose für den Kirmeshammel und kassierten Eintrittsgeld bei den Tanzveranstaltungen. Die Einnahmen und Ausgaben verwaltete der Schmitzemeister. Dieser führte auch die Umzüge durch das Dorf an, er lief vor dem Hammel her, dem dann die Kirmesburschen folgten.

Die Straßen waren mit Fahnen geschmückt und die Dorfbewohner standen am Straßenrand und feierten fröhlich mit.

Das Geld war damals vor der Währungsreform nicht viel wert und es mussten auch Tauschgeschäfte getätigt werden, um die Musiker für die Umzüge und Tanzveranstaltungen zu verpflichten.

Zur Kirmes gehören auch Getränke, die wir beschaffen mussten. Bier konnte man kaufen und den Schnaps brannten wir in eigener Regie selbst. (Betrinken konnte man sich ...).

Fichtenbäume mussten von uns mit einem Pferdefuhrwerk aus dem Wald geholt werden, dann mit bunten Bändern behängt und vor den Wirtschaften, dem Schmitzemeister, dem Pfarrer und dem Bürgermeister aufgestellt werden.

Zum Verlauf der Kirmes gehörte am Sonntagmorgen der Kirchgang.

Im guten Anzug und mit Papierblumen und bunten Bändern geschmückten Kirmeshüten nahmen wir in der ersten Reihe der Kirche Platz und nahmen am

Hochamt teil. Dieses wurde mit drei Priestern und vielen Messdienern feierlich zelebriert.

Nach dem Gottesdienst gingen wir zum Pfarrer und brachten ihm ein Ständchen. Reden wurden gehalten und da passierten die seltsamsten Dinge: Der Intelligenteste von uns, also der mit der größten Klappe wurde vorgeschickt. Wenn der dann in seiner Rede steckenblieb, sich irgendwie festgeredet hatte, da musste ihm geholfen werden. Das machte dann der Pfarrer, der mittels eines Scherzes die Situation rettete.

Einen Umschlag mit einem Unkostenbeitrag steuerte er auch bei, mit der Mahnung nicht übermäßig zu trinken.

*Quelle: Rudolf H. Becker*

## Die Wasserleitung

Die hiesige Gemeinde hatte bis 1925 keine Wasserleitung. Die Einwohner entnahmen ihr Haus- und Wirtschaftswasser den vorhandenen Brunnen. Kaum die Hälfte der Häuser und Hofreiten hatten Brunnen. Die Familien ohne eigenen Brunnen holten ihr notwendiges an den Brunnen ihrer Nachbarn. Das Wasser aus den Brunnen war, wenn auch nicht einwandfrei, im Allgemeinen gut.

An verschiedenen Stellen im Dorf lag das Wasser zu hoch und an anderen zu tief. Die Brunnen an der Rübsanger Straße waren meist über 20 Meter tief und gaben meist zu wenig Wasser. Die ganze Bahnhofsstraße war erst nach dem Erbauen der Wasserleitung bebauungsmöglich, da man hier Wasser überhaupt nicht fand, sondern auf Fels stieß. Wenn man bedenkt, dass das ganze Wasser demselben Erdreich entnommen werden musste, welches die Abgänge von vielem Vieh und den Menschen, in oft sehr undichten Jauchegruben aufnehmen musste, dann muss man zu der Überzeugung kommen, dass das Wasser als Koch- und Trinkwasser nicht einwandfrei war. Oft befanden sich Jauchegruben sehr nahe bei den Brunnen. Auch gab es in trockenen Jahren oft Wassermangel. Die Gemeinde hätte sicher schon früher eine Wasserleitung gebaut, wenn die Möglichkeit vorhanden gewesen wäre, Wasser in genügender Menge durch natürlichen Zufluss mit genügendem Druck irgendwo zu holen.

Durch die elektrischen Anlagen, die hier erst kurz vor dem Krieg geschaffen wurden, ergab sich auch erst die Möglichkeit, eine neuzeitliche Pumpanlage zu schaffen. Als in den Jahren der Geldinflation 1924 fast alle Arbeiter arbeitslos waren, musste die Gemeinde bestrebt sein, ihren Arbeitern Arbeit und Brot zu beschaffen. Zu diesem Zweck musste man nach großen Arbeiten suchen, die auch wirtschaftlich Wert besaßen. Man musste in erster Linie an den Bau einer Wasserleitung denken und beschloss deren Bau, nachdem man bereits einige Jahre vorher das Wassergelände von Ingenieur Panse aus Ohrdruf für eine

Million Papiermark gekauft hatte. Dieser Ingenieur Panse hatte das ganze Wassergelände von ungefähr 8–10 Morgen vor dem Krieg von hiesigen Besitzern parzellenweise angekauft, mit der Absicht, für die Gemeinden Lindenholzhausen, Mensfelden, Nauheim, Neesbach, Werschau, Linter, Eschhofen und Mühlen ein Gruppenwasserwerk zu errichten und den Hauptbehälter am Zollhaus anzulegen, um aus diesem durch Anlage von Nebenbehältern die genannten Gemeinden mit Wasser zu versorgen. Panse wurde die behördliche Genehmigung, wegen der Gefahr unseres Mineralbrunnens, versagt und er bot mir zum Erwerb für die Gemeinde in 1922 das ganze Land an, das dann von mir wie gesagt für die Gemeinde gekauft wurde. Das Land war auch ohne das vorhandene Wasser sehr preiswert. Der Gedanke, das Wasser für den Bau einer Wasserleitung zu verwenden, bestand wohl, war aber wegen dem nahen Mineralbrunnen und dem bestehenden Mineralwasserschutzgesetz vorerst aussichtslos.

Nach langen und sehr mühevollen Verhandlungen wurde endlich die erforderliche behördliche Genehmigung erteilt und die Brunnenbesitzer mit ihrer eingelegten Beschwerde zurück gewiesen.

In 1924 u. 1925 wurde nun die Wasserleitung unter Beschäftigung einer großen Zahl Arbeitsloser aus hiesigem Ort und den notwendigen Facharbeitern von auswärts von der Firma Niefen aus Höhr gebaut. Die elektrischen Anlagen sowie das ganze Pumpwerk lieferten die Main-Kraftwerke. Die ganze Anlage kostete ungefähr 220.000 Mark, von denen ungefähr 65.000 Mark durch Reichszuschüsse gedeckt wurden, da die Arbeiten als Notstandsarbeiten anerkannt und nach den geleisteten Tagewerke bezuschusst wurden.

In 1926 baute Linter eine Wasserleitung und entnahm das notwendige Wasser auch unserer Leitung aus dem Hochbehälter und zahlte seither der hiesigen Gemeinde für die Lieferung des Wassers jährlich 1.000 bis 1.200 Mark. Die hiesige Gemeinde leistete alle Unkosten für elektrischen Strom und dergleichen allein. Da unsere Wasserleitung sehr teuer war, das Schuldkapital in den ersten 7 bis 8 Jahren hoch verzinst werden musste und das Pumpwerk laufende Stromkosten verursachte, war das Wassergeld in dieser Zeit sehr hoch. Es wurden berechnet für jedes Haus mit Familie und Vieh:

- Hausanschluss 27 Mark,
- für jede Person über 14 Jahren 2 Mark und unter 14 Jahren 1 Mark
- für Vieh jedes Pferd 5,50 Mark, Stück Rindvieh 4,50 Mark und Schwein 0,50 Mark jährlich.

Gewerbetreibende wurden besonders berechnet. Nachdem im Laufe der Jahre der Zinssatz sich senkte, wurden von der zu Grunde gelegten Veranlagung im Jahre 1933/34 noch 70% gehoben und für das Rechnungsjahr 1934/35 eine weitere Senkung von 10% vorgesehen. Eine weitere Senkung auf 50% für die späteren Jahre stand bevor. Wenn auch die Leitung sehr teuer war, so ist sie auch auf das allerqualitäteste gebaut, das Wasser ist von sehr guter Qualität und an Menge so reichlich, dass die beiden Gemeinden zurzeit kaum ¼ des gefassten Wassers verbrauchen.

*Quelle: Bürgermeister Georg Rompel, Seite 110 - 113*

*Seine Aufzeichnungen zur Geschichte, Familienchronik und Häuserchronik von Lindenholzhausen entstanden nach seiner Amtsniederlegung 1934 - 1946.*

## Weihnachten 1941

Nach dem siegreichen Frankreichfeldzug, in dem mein Bruder Alber sieben Tage in Gefangenheit geriet, war er mit seiner Einheit am Tage der Kriegserklärung auf dem Weg nach Russland. Sein Zug rollte über Limburg, Eschhofen via Gießen an die Front. Vom Bahnhof Eschhofen schickte er uns noch Grüße nach Lindenholzhausen, er hätte so gerne noch seine Angehörigen gesehen, doch es hat nicht sollen sein. Wir waren alle sehr traurig, hatten wir doch gehofft er könne in Frankreich bleiben.

Im ersten Bericht über den Feldzug schrieb er: „Wir laufen und laufen, ohne bisher Feindberührung zu haben“.

Dazu kam die Eiseskälte der Winter 1941 und 1942. Wir in der Heimat machten uns große Sorgen. Soldaten mit den schrecklichsten Erfrierungen kamen zurück. Der Bruder Albert schützte sich mit der Kleidung von drei toten Russen vor der Kälte, so sein Bericht.

Dann kam die dritte Kriegsweihnacht, wir in der Heimat waren sehr in Sorge um unsere Soldaten.

Wie immer und an diesem Tag erst recht mussten die Bahnbediensteten am Heiligen Abend bis 13:00 Uhr arbeiten. In dem Zug, in dem mein Vater nach Hause fuhr, saß ein junger Mann aus unserem Dorf mit einer großen Grünpflanze in den Händen.

Dieser junge Mann arbeitete in einer Limburger Gärtnerei. Er verriet nur so viel, dass die Grünpflanze ein Geschenk eines Russlandkämpfers an dessen Eltern in der Heimat sei.

In einem Brief mit dem entsprechenden Geldbetrag sei die Bestellung aufgegeben worden. Am Heiligen Abend um 17:00 Uhr sollte die Auslieferung erfolgen.

Unser Vater berichtete uns dann zu Hause von der Begegnung im Zug. Wir stellten uns die Freude der Familie vor, die mit diesem, für damalige Verhältnisse, einmaligen Geschenk überrascht werden sollte.

Wir hatten das Besprochene schon vergessen, als es dann um 17.00 Uhr an unserer Tür klopfte und der junge Mann mit der Grünpflanze in der Hand in unserer Tür stand.

Die Freude darüber, dass unser Soldat in Russland uns so viel Liebe mit dieser Grünpflanze schickte war groß, wenn auch etwas durch die Sorge um sein Leben getrübt.

Das tragische Unglück nahm dann seinen Lauf. Am Sonntag, dem 13. Februar 1942 war mein Bruder auf einem Spähtrupp gegen Moskau. Hierbei passierte das für uns Unfassbare, die deutsche Artillerie, bedingt durch die Kälte, schoss zu kurz und tötete hierdurch die eigenen Leute.

Seit der Weihnacht 1941 sind noch viele Heilige Abende durch mein Leben gegangen. Obwohl zwei weitere Brüder und ein Schwager in diesem unseligen Krieg das Leben verloren, bleibt ein wenig Freude über dieses Weihnachtserlebnis, mit Wunsch, dass uns allen der Frieden allzeit erhalten bleibe.

*Quelle: Liesel Brötz (Erinnerungen aus meinem Leben)*

## Die Karwoche vom Kriegsjahr 1945

Am Palmsonntag (25. März 1945) wurde Limburg öfter mit „Viermotverbänden" (Bomber) angegriffen. Auch wurden um 11:00 Uhr auf dem Sportplatz auf die Baracken Bomben geworfen, wo einige Soldaten verwundet wurden. So ging es bis in die Nacht.

Am Montag (26. März 1945) waren die Amerikaner in die Brückenvorstadt (in Limburg) eingerückt. Den ganzen Tag wurde dann gepackt und weggeschafft. Am Abend wurde dann das Lager (Stofflager für Mäntel. Schuhabsätze, Lebensmittel, ...) in Niederbrechen geräumt.

Am Dienstag (27. März 1945) war dann der entscheidende Tag. Am Morgen kamen mehrere SS-Soldaten, das Dorf sollte verteidigt werden. Die Artillerie schoss nach Limburg rein. Wir haben unsere Sachen gepackt und in den Keller gebracht, in banger Erwartung was kommen würde. Im Laufe des Tages haben sich die Soldaten verzogen und der Feind war über Runkel nach Oberbrechen eingezogen. Das ganze Dorf war wie ausgestorben.

Am Mittag um halb vier Uhr kam ein [amerikanisches] Auto mit Lautsprecher die Frankfurter Straße gefahren, das bekannt gab: „Wenn die weißen Fahnen nicht rauskämen, das ganze Dorf in Brand geschossen würde." So wurde in allen Häusern die weiße Fahne gehisst.

Das Auto nahm die deutschen Soldaten als Gefangene mit. Auch wurden alle Urlauber und genesene Soldaten geholt. Das waren Walter Wagner, Josef Stein, Josef Pötz, Georg Weidenbusch und auch andere.

Es war doch sowas komisches, die [deutsche] Artillerie schoss noch dauernd. So wurde das ganze Zollhaus in Mensfelden in Brand geschossen.

Am Mittwoch (28. März 1945) um 6:00 Uhr kamen dann die ersten Panzer angefahren, fuhren durch die Straßen und gaben Schüsse ab. Auch kamen Soldaten und suchten dann die Häuser ab. Sie nisteten sich in den Häusern ein und die Leute mussten ausziehen. Am Mittag kamen den ganzen Tag Autos und Panzer die Straße runter gerollt. Die Frankfurter Straße musste bald ganz geräumt werden, auch alle Ortseingänge wurden besetzt. Der Ausgang wurde nun morgens um 7:00 Uhr bis abends um 6:00 Uhr festgelegt.

So ging es die Woche über.

An Ostern (2. April 1945) konnten wir dann wieder wie immer in die Kirche gehen.

Wir hatten fast drei Wochen kein Licht und kein Wasser.

Die Woche nach Ostern konnten wir von morgens um 6:00 Uhr bis abends um 8:00 Uhr ausgehen.

*Quelle: Anna Jung, geb. Krah (in Handschrift aufgeschrieben in einem zweispaltigen Wochen-Vormerk-Kalender von 1939)*

## Mein Dienst als Bürgermeister

Das Nachfolgende schreibe ich nur nieder, weil in der neueren Zeit fast alles was nach dem Krieg geschehen ist, als minderwertig hingestellt wird und man bis jetzt immer wieder versucht hat früher in Dienst gestandene Personen, die es nicht fertig bringen konnten sich der Neuzeit entsprechend umzustellen, mit allerlei zu belasten.

Ich habe den Dienst als Bürgermeister von 1913 bis zum 1. April 1934 versehen, nachdem auch mein Vater von 1896 bis 1905 und mein Großvater von 1854 bis 1868 in uneigennütziger Weise diesen Dienst versahen. Meine Kinder und Enkel sollen wissen, daß falls für die Zukunft noch Vorwürfe besagter Art erhoben werden, diese unbedingt unberechtigt sind und daß gerade das Gegenteil der Fall ist. Es ist seither in unserer Familie Tradition gewesen den Mitmenschen nach Möglichkeit in uneigennütziger Weise zu dienen und zu helfen. Möge dieses auch so bleiben, denn durch gegenseitige Hilfeleistung wird jedem geholfen.

Als ich von meinem Vorgänger den Dienst übernahm war die allgemeine Elektrizitätsgesellschaft damit beschäftigt die Fernleitung durch die Gemarkung zu legen und das Dorf mit Strom zu versorgen. Das elektrische Licht brannte in unserem Dorf im Sommer 1913 zum ersten Male.

Am 1. August 1914 brach der große, für uns bis heute so verhängnisvolle Weltkrieg aus, dem alle jungen Männer bis zum 45. Jahr je nach Fähigkeit dienen mussten. Ich war bald 44 Jahre alt und wurde, nachdem ich früher in Posen aktiv Soldat war, zum Landsturm-Batallion XVIII / 26 Limburg einberufen und blieb bei diesem v. 17/9 1914 bis Februar 1916. Auch in dieser Zeit habe ich den Dienst weiter versehen, da ich als Kammerunteroffizier der ersten ?? [*unlesbar*], die der Landrat Büchting aus Limburg führte, abends nach Hause gehen konnte. In Limburg in meinem Kammerbüro fand ich Zeit nun auch Arbeiten für den

Bürgermeisterdienst zu verrichten. Damals war ich noch jung und kräftig und war in der Lage auch bis spät in die Nacht hinein auf dem Büro zu arbeiten. Da die Arbeiten auf der Bürgermeisterei durch den Krieg auf allen Gebieten immer ausgedehnter wurden reklamierte mich der Herr Landrat hierfür und ich wurde wie gesagt im Februar 1916 entlassen.

Die lange Kriegsdauer in dem bekannten Ausmaß erforderte immer neue Opfer von Menschen. Jugendliche von 14 Jahren wurden schon einberufen. Die zu Hause gebliebenen Alten und die ganz Jungen arbeiteten in der Landwirtschaft und auf sonstigen Gebieten mit einer sonst nicht denkbaren Ausdauer und Anspruchslosigkeit um nur den Krieg zu gewinnen. Jeder stellte seine Person in den Dienst der Sache und konnte sich nicht vorstellen, daß letzten Endes der große Krieg nach so vielen Opfern und so riesigen Erfolgen an allen Fronten für uns verloren gehen könnte.

Die Länge der Zeit brachte es fertig, daß besonders notwendige Rohstoffe und Lebensmittel bei uns sehr knapp wurden und auch die Menschen in der Heimat und besonders die draußen an der Front stehenden zermürbten und kriegsmüde machten.

Wir hatten die Schlachten gewonnen, unsere Soldaten standen überall in Feindesland und doch letzten Endes den Krieg verloren an dessen Verlust wir bis heute so unsagbar leiden.

Die Kriegsmaßnahmen veranlassten auf allen Gebieten der Wirtschaft Zwangsbewirtschaftung, die für alle Behördenstellen und besonders auch für die Bürgermeistereien eine ungeheure Arbeit brachten. Nahrung, Wohnung und Kleidung wurden nur durch die Bürgermeistereien an alle Bewohner zugeteilt. Karten für sämtliche Lebensmittel sowie Bezugscheine für Kleidung mussten ausgegeben werden. Die Anbauflächen wurden innerhalb der Gemarkung ermittelt, die Ernteerträge geschätzt und die Abgabe von Getreide, Kartoffeln, Milch, Butter und Vieh bestimmt. Über all dieses war eine Unmenge an Listen zu führen und schließlich trotz aller Opfer und Einsatzbereitschaft fast aller Menschen, das traurige Ende. Während und nach dem Kriege musste ich ungefähr 50 Kriegsopfer in den Sterberegister beurkunden und oft mit dem Herrn Pfarrer Schmidt den Angehörigen von Gefallenen die allerschmerzlichste Mitteilung machen.

Bei Kriegsende hoffte man dann auf baldige Besserung der Verhältnisse, wurde aber immer wieder sehr getäuscht. Die Zwangswirtschaft blieb noch bestehen, die Besetzung durch fremde Truppen brachten der hiesigen Gegend sehr harte Bedrängnisse und besonders auch mir persönlich. Wenn die Besatzung diesseits Diez nicht plötzlich, durch die Beendigung des Ruhrkampfes, zurückgezogen worden wäre, hätte ich mit den größten Schwierigkeiten mit der Besatzungsbehörde rechnen müssen, da ich deren Forderungen nicht hätte erfüllen können und bereits über Allerlei mindestens an acht Tagen, bei immer wieder anderen Offizieren im Verhör stand.

Sehr viel unangenehme Arbeiten brachte die bei Kriegsende eingesetzte Revolution und die Ende 1923 zu Ende gehende Geldinflation, die damit endete, daß eine Billion Mark im Wert einer neu errichteten Rentenmark (auch Goldmark) gleichgesetzt wurde. Wie unliebsam sich diese Verhältnisse auf die Verwaltung der Gemeinde auswirkten lässt sich gar nicht schildern. Es kam weiter, daß die Arbeiter zum großen Teil arbeitslos wurden, nachdem die Kriegsteilnehmer wieder zu Hause waren und die Kriegsindustrie ihre Arbeit einstellen musste. Die Gemeinden mussten große Arbeitslosenunterstützungen zahlen, oder für Arbeitsproblem Sorge tragen. In hiesiger Gemeinde wurden gegen Kriegsende der Bahnhof erbaut und in Betrieb gesetzt, hierdurch wurde die Erbauung der neuen Straße von ober der Albanusstraße bis am Bahnhof notwendig. Hierbei gab es sehr viele Erdarbeiten, Steinbrechen und Straßenbauarbeiten. Der Bau der Straße wurde unter Mithilfe von Kriegsgefangenen begonnen und von unseren Arbeitern weiter und zu Ende geführt. Die gesamte Pflasterung dieser Straße erfolgte nach der Geldinflation in den Jahren 1924 bis 1926. In der Inflationszeit wurden von Seiten der Gemeinde als große Notstandarbeiten das Pfarrhaus umgebaut, ein Stockwerk auf das Rathaus aufgebaut, eine Anzahl Waldarbeiten verrichtet und auch die Enggasse, Fallbornseck, Kircheck, ein Teil im unteren Sack und bei Gastwirt Friedrich gegen das Oberfeld gepflastert.

Das ganze Wassergelände, was jetzt unserer Wasserversorgung dient, hatte Ingenieur Panse in Ordruf erworben um eine größere Wasserleitung zu bauen, war aber durch den Krieg alt geworden und erhielt auch zur Erbauung einer solchen, wegen dem Mineralquellenschutzgesetz, keine behördliche Genehmigung. Ich wandte mich an ihn um Ankauf für die Gemeinde und erhielt eine Forderung von einer Million Mark gestellt.

Als Vertreter der Gemeinde musste ich damit rechnen, daß dieses Gelände zum Bau einer Wasserversorgung für die Gemeinde notwendig sei und auch die Gemeinde deren Erbauung leichter erreichen würde als Private, was sich dann auch später ergab. Ohne jemand von meinem Plan Mitteilung zu machen reiste ich nach Ordruf in Mitteldeutschland und kaufte von Panse das ganze Gelände für eine Million Mark, kam mit genügenden notariellen Vollmachten nach Hause und legte den Kaufvertrag dem Gemeindevorstand und Gemeindevertretung zur nachträglichen Genehmigung vor. Mit der Begründung, daß ich befürchtet hätte, daß bei nicht genügendem Schweigen die Gemeinde hätte Schaden erleiden können. Die Gemeindekörperschaften stimmten dem Kauf gerne zu, da der Preis gering und bei der fortschreitenden Inflation bald geschenkt war. Für mich war es ganz selbstverständlich, daß ich bei diesem Kauf nur die Interessen der Gemeinde vertrat, trotzdem mir einzelne Freunde es verdachten, daß ich diese

Gelegenheit nicht für mich und meine Familie ausgenutzt hätte. In der Zeit der von Dungern erbauten Kalksteinfabrik war auch noch die Inflation. Daß diese in unserer Gemarkung erstellt wurde war nur durch mein weitgehendes Mitwirken möglich. Dieses Mitwirken ist auf Seite 120 über die Errichtung der von Dungernschen Fabrik von mir beschrieben.

Nach dem Krieg befanden sich unsere Eisenbahnen und Landstraßen, wegen der Vernachlässigung während der Kriegszeit und wegen der übergroßen Benutzung in einem sehr verwahrlosten Zustand. Es dauerte Jahre bis hier wieder Ordnung war, denn wurden aber auch hier viele Arbeiter entlassen, auch von unseren Eisenbahnwerkstättenarbeitern, weshalb von Seiten der Gemeinde wieder nach großen Notstandsarbeiten gesucht werden musste. Für uns gab es jetzt die Erbauung der Wasserleitung für über 70 hiesige und eine geringe Anzahl Facharbeiter von Auswärts lang in 1925 und 1926 Arbeitsgelegenheit. Sie wurde von der Firma Niesen in Höhr als große Notstandsarbeit ausgeführt, kostete Wassergelände ungefähr 180 bis 190 000 MK. Hierzu bekam die Gemeinde einen nicht rückzahlbaren Zuschuss von ungefähr 65 000 MK und ein nicht hoch verzinsbares Darlehen. Bei all diesen großen Arbeiten hatten wir immer bei allen Behörden und besonders auch bei Landrat Steednig in Wiesbaden eine liebevolle Mithilfe.

Bei Schluss des Wasserleitungsbaues kam dann die seit Jahrzehnten drohende Gemarkungskonsolitation. Nachdem Nauheim, Mensfelden und Linter in Angriff genommen waren war unsere Gemeinde die letzte in der Umgebung und konnte sich hiergegen nicht mehr mit Erfolg wehren. Auch diese brachte für die Gemeinde große Lasten u. Sorgen, aber auch für viele wieder Arbeit und Brot. Im Anfang vielleicht 1925 wurde der neue Hochfeldsweg, vom Bahnhof bis zum Hochfeld gebaut, den ich schon Jahre vorher geplant hatte. Er brachte sehr viel Erdarbeiten, Steinbrechen, Stücken u. Fahren von Material. Bei der Abrechnung ergab sich, daß der erhaltene Zuschuß so hoch war als die ganzen entstandenen Kosten. Es gab sehr große Flächen mit Drainage zu belegen zuerst Auf den Heuern, dann hinten auf dem Oberfeld, Börngesgewann, Bräungenstein, Reistenweiden später hinter dem Wald, zwischen den Wäldern, Lehn, Heide, Rödern, acht Schritt, im Triebe, Kauterheck, Sauerbornswald, und auch die sauren Wiesenstellen. An Brücken wurden die obere Bach- und Mühlgrabenbrücke neu errichtet.

Bei Beginn der Konsolitation fasste ich den Plan, daß die Walddistrikte Kauterheck und Saubornswald, zusammen beinahe 200 Morgen parzelliert und in Ackerland umgewandelt werden sollten. Hierzu erhielt ich auf meinen Antrag hin mit Befürwortung des Kulturamtes die Genehmigung.

Viele Gemeindeglieder und auch Mitglieder der Gemeindekörperschaften waren mißtrauisch u. glaubten nicht recht an eine vorteilhafte Lösung dieser großen Frage. Die Kauterheck wurde an Landwirte, die sie durch harte Arbeit rodeten und urbar machten, veräußert, der Sauerbornswald wurde parzellenweise an arbeitslose Arbeiter für geringe Pacht zur Ausrodung und Benutzung gegeben, während die weiter noch im Winter 1933/44 gerodeten Waldflächen ober der Mühle verpachtet wurden. Die Ernten waren bis jetzt fast ausnahmslos sehr gut. In 1931 u. 1932/33 wurden die an der Emsbach stehenden alten Bäume und Sträucher, sowie alte Wurzelstöcke mit meist jugendlichen Arbeitern umgerodet, die Ufer eingeschrägt und die unteren Bettkanten mit Bruchsteinen ausgestückt. Im Winkel wurde eine Strecke weit ein neues Bachbett gegraben und der Bach hierdurch wesentlich gestreckt. Es war aber notwendig, daß das Gestück in den ersten Jahren immer wieder gut ausgebessert wird bis es mit dem Boden und Gras fest verwachsen ist und Uferbeschädigungen nicht mehr entstehen können.

Während den letzten Kriegsjahren und später war die Brenn- und Bauholzbeschaffung sehr schwierig und erfolgte auch durch die Gemeinde.

Jahrelang habe ich von der Oberförsterei Merenberg in Weilburg ganze Schläge Holz gekauft und von hiesigen Leuten fällen lassen und dann verteilt. Bauholz kauften wir ganze Schläge besonders von der Oberförsterei Rod an der Weil, ließen es von auswärtigen Fuhrleuten auf den Zimmerplatz Breser anfahren und von Zimmermeister Breser, der als Fachmann half die Käufe zu tätigen, für jeden einzelnen Bauherrn nach Bedarf verarbeiten. In dieser Zeit wurden besonders die unteren und mittleren Häusern der Bahnhofstraße gebaut, wozu die ganzen Bauplätze von der Gemeinde von den Domänen beschafft wurden. Dieses Gelände waren größere geschlossene Parzellen, wurden zu Bauplätzen geteilt und von der Gemeinde zu Selbstkostenpreisen an die Interessenten abgegeben. Später wurden dann durch die Konsolitation an der Bahnhofstraße und sonst um das Dorf herum durch Anlegen von ganzen Straßen viele Baumöglichkeiten geschaffen.

In meinem ganzen Leben gehörte ich, wie auch meine Eltern und früher auch die ganze Gemeinde der Zentrumspartei an. Trotz vielseitigen Wandlungen auf politischem Gebiet in der Nachkriegszeit kam ich durch meinen Dienst mit meiner politischen Überzeugung nie in Widerspruch, bis in 1933 die nationalsozialistische Bewegung die Macht übernahm. Als Vertreter der vorausgegangenen Regierung musste man hiermit oft in Gegensatz kommen und als alter im Dienst grau gewordener Mann konnte man nicht seine Überzeugung wechseln wie man seine Kleider wechsell, weshalb man bei seinen Dienstleistungen nicht mehr frei nach seiner inneren Überzeugung handeln konnte. Hinzu kam, daß ich mich nicht mehr recht gesund fühlte. Hierdurch veranlasst bat ich den Herrn Landrat von Breitenbach um Entbindung von meinem Dienst, der meinem Antrag aber nur stattgeben wollte, wenn ich krank sei und ein ärztliches Attest beibrächte, was ich tat, wodurch ich meine

Entlassung ab 1/ 4 1934, durch ein vom Herrn Landrat an mich gerichtetes sehr dankbar gehaltenes Schreiben für meine lange und treue Dienstzeit, erreichte.

Wenn ich nun an die langen Jahre meiner Dienstzeit zurückdenke, komme ich zu folgendem Resultat: Meine ganze Dienstzeit erledigte sich nur in einer sehr schwierigen Zeit, fast nur Kriegs- u. Nachkriegszeit.

Schwere Arbeit und große Sorge gab es fast immer, nur in den letzten 5 – 6 Jahren nahmen diese ab.

Die Pflasterung der Ortsstraßen die von meinem Großvater Ende der 1850iger Jahre begonnen wurde, wurde in meiner Dienstzeit ganz wesentlich weiter geführt, gepflastert wurden die Kirchfelderstraße von Gastwirt Friedrich an bis an das Ortsende, die kurze Straße gegen das Oberfeld bei Gastwirt Friedrich, ein Teil der unteren Sackstraße, die Engstraße, die ganze Bahnhofstraße von der Fallbornseck an, die Fallbornseck, die Kircheck und die ganze Frankfurterstraße. Die letztere wurde auf meinen Antrag hin von der Straßenverwaltung für 42 000 Mark gepflastert, wozu die Gemeinde ¼ = 10 500 Mark zu zahlen hatte. Nach Fertigstellen dieser Straße erreichte ich durch Gesuche und Hinweise auf die großen Lasten der hiesigen Gemeinde, die durch die vielen Arbeitslosen entstanden waren die Nachlassung dieser Schuld. Auch sind aus zu den übrigen Pflasterungen und Wegebauarbeiten ganz wesentliche Beihilfen gegeben worden (ungefähr 25 000 Mark).

Die ganze Bahnhofstraße und weiter bis auf das Hochfeld wurde durch ein ganz unwirtliches Gelände neu angelegt, gestückt u. mit Kies und Basalt gedeckt. Die großen Baulinien um das Dorf wurden angelegt u. hoffentlich für alle Zeiten genügend Baugelände geschaffen und Straßen neu angelegt. Der Bergerfeldweg und hintere Weg auf das Oberfeld wurden gestückt.

Über 250 Morgen Waldfläche wurden in Ackerland umgewandelt, über 70 Morgen gutes Land gingen von dem Baron von Dungerschen Besitz aus der Gemarkung Eschhofen, anlässlich des Fabrikbaues in hiesigen Besitz und Benutzung, wodurch manchem Landwirt die Möglichkeit gegeben wurde seinen zu kleinen Betrieb zu vergrößern, besonders wurden aber den vielen jungen und strebsamen Landwirten die Möglichkeit zu einem Anfang gegeben.

Als weitere große Maßnahmen kommen in Frage der Bau der Wasserleitung, die Mithilfe bei der Gemarkungskonsolitation, Drainagearbeiten, die großen Planierungsarbeiten am Emsbach, Mithilfe beim Bau des Pfarrhauses, Aufbau eines Stockwerkes aufs Rathaus und Beschaffung der neuen Glocken, auf denen auch mein Name angebracht wurde.

Ich bin gewiss nicht allein der Beweggrund all dieser großen Arbeiten, denn die Zeit deren Fortgang man nicht verschließen darf drängte hierzu, habe aber doch einen sehr großen Anteil daran. Die Arbeiten waren mir, auch in den schwierigsten Zeiten, noch leicht, ich suchte noch andere Beschäftigungen was die zu Buch gebrachten Geschichtsforschungen, für die ich viele Stunden verbrauchte beweisen. Ich befand mich nie in großen Schwierigkeiten sondern kann ruhig sagen, daß ich mit Gottes Hilfe über alle schweren Zeiten und Schwierigkeiten gut hinweg kam. Daß ich auch in der Gemeinde ein großes Vertrauen besaß, beweist daß ich immer, zuletzt vielleicht ein Jahr vor meinem Abgang einstimmig wiedergewählt wurde.

*Quelle: Bürgermeister Georg Rompel (Schultheiß und Bürgermeister von Lindenholzhausen). Seine Aufzeichnungen (hier Seite 166-175) zur Geschichte, Familienchronik und Häuserchronik von Lindenholzhausen entstanden nach seiner Amtsniederlegung 1934 – 1946.*
*Hinweis: Es wurden keine grammatikalischen oder orthographischen Korrekturen vorgenommen.*

## Werdegang von Bürgermeister Georg Rompel

### 1913

Wurde ich, Georg Rompel, zum Bürgermeister gewählt und am 13 Juni bestätigt, blieb im Dienst bis 1 /4 1934. Adolf Hitler übernahm 1933 die Regierung und forderte von allen Bediensten völlige Unterwerfung unter seine Knute, weshalb ich den Dienst niederlegte.

### 1934

Wurde Oskar Wicker, der aus Limburg stammte von der Nationalsozialistischen Deutschen Arbeiterpartei, die hier nur wenig Anhänger hatte eingesetzt und blieb bis 27 /3 1945 als der zweite Weltkrieg für Deutschland gänzlich zusammenbrach im Dienst.

### 1945 am 27 /3

1945 rückten die amerikanischen Truppen ein, ließen mich rufen und baten mich um Wiederaufnahme des Bürgermeisterdienstes. Ich war 75 Jahre alt und sagte schließlich ja, mit der Bedingung daß ich mir sobald als möglich einen geeigneten Nachfolger suchen könne. Die Männer waren noch im Krieg und kamen nur langsam aus Gefangenschaft heim. Nach einem halben Jahr bat ich den aus Gefangenschaft heimgekommenen Norbert Löw mir den Dienst abzunehmen. Auf meinen Vorschlag wurde er von der amerikanischen Militärregierung in Limburg als Bürgermeister eingesetzt und ungefähr 2 Jahre später von der Gemeindevertretung gewählt.

*Quelle: Bürgermeister Georg Rompel*
*Auszug (Seite 4-5) aus seinen Aufzeichnungen*

## Gewerbe in der Wendelinus- und Kirchfelder Straße (um 1960)

Wänn isch mer su die Wendelinusstroß, Kerschfelderstroß und Rübsangestroß betrocht. Wot wor dot än Geschäftsmeil, wot än Bracht:

- Bei Bornsgäje kunnt mer en schiene Schoppe tränke.
- Ach hot de Ferschter Werner als emol än der Kneip e Spezialkonzert gewwe.
- Fu Stephans Schorsch konnt mer sich en schiene Godde uleje losse.
- Bei Alexe Frida erm Mann kunnt mer sich e Auto reparern losse.
- Bei Zohnisch gob et Flasch und Woscht und ganz frujer en Schnapsbrennerei vu Aschhorns.
- De Fritz Rumpf hot Mann und Fraa die Hoor äm Salon frisert.
- Geise Hein hot no em Krisch de Leut Kische und Schlofstobbe verkaaft.
- Koldisch Katherina hot jeden Munat än Geise Hedwig erm Hob Kohle von der DB vu Haus zu Haus verkaaft.
- Golschmitts Josef hot Gäul beschlu und Gummirolle gebaut.
- Bei Hannes Waaner hot mer det Holz schneire losse und Wochererrer fer die Bauern mache losse.
- Bei Langhobs hot de Goddeschreiner de Leut Holzorwete gemocht.
- Et gob Brut bei Bäckerfranze und später wor do die Post.
- Gejeiwwer bei Hilfrichs gob et en moderne Lebnsmittelgeschäft met Schaufenster vum Max Sabel, de vu Limbosch wor.
- Bei Innets Maria wurde Molkereiprodukte verkaaft.
- Hujneri Unkel Schorsch hot de Eber än seim Stall.
- Brums Tante Zimmermann hot en Kolonialwarengeschäft.
- U de Eck wor dem Icke sei Kneip wu mer Kott gespillt hot.

- Off de anner Seit u de Eck wor die Berjemasterei, wu Norbert Löw Rathauschef wor.
- Bei Baldese Franz hot mer die Hoor geschnirre kräjt, mer ging die huch Trepp än die Stobb.
- Schmole Wertschaft wor de Stammsitz der Fußballer wu manch Sieg gefeiert wurd.
- Die Kinner wurde äm Schwesternhaus betreut vu de Schwester Tranquilina und de Kaiser Bernadette.
- Newer de Metzgerei vom Berthold woar die Drogerie vu Marlies Weckweth.
- Et gob ach Flasch und Woscht bei Berthold Klein (Metzgisch).
- De Schouster Schorsch Löw hot fer gout Schouwerk gesoscht.
- Aach horre mer en Campingfabrik vum Jupp Röhrisch.
- Äm Krug zum Grünen Kranze kehrte die Cäcilianer durstisch zor Prob än.
- Aach hot de Lorenz und Erika die huch Trepp enoff noch Lebensmittel verkaaft.
- Beim Pfaff än Franze Soal hun mer die Fuzzyfilme geguckt.
- Det Masterschje hot de Leut die Wänd Tapezert und hot ach noch Lebensmittel.
- Bei Herings gob et allerlei fer die Goddeverschönerung.
- Brut und Kuche hot de Richard Fachinger gebacke (Kujet's).
- Bei Brahms Katherina kunnt mer die Wäsch mangele losse (Pierisch Katherina).
- De Schaa hot frujer geschmidt und Fohrrärrer verkaaft.
- Gejeiwwer heut Hilfrichs wor ach schun emol die Post.
- Die Neu Berjemasterei wor uschließend newer em Kister Albert.
- De Schneider Erich Giehl hot am verrässene Buchse geflickt.
- Kohle hot mer ach vu Fuchse Hein geliwwert kräjt.

- En Urisch Kneip wor ach bei Fuchse Jupp und bei de Kathrina.
- De Tystaval Franz hot uss domols Kermes dienstags mol en Glatz geschnirre (koom 1956 aus Ungarn).
- De Schouhmachermaaster Bruno Mohler hot de Leut die Schou geflickt und neu besohlt.
- De Keller Martin hot am vum Braubojer und Pötz e Radio verkaaaft.
- De Weis Alwis und de Rainer hun de Leut Landesprodukte un de Bauern Straßel verkaaft.
- Fer de Holzbau wor de Breser Hein zouständig off em Zämmerplatz.
- Bei Riese Tante Klara kunnt mer alles u Lebensmittel änkaafe.
- De Bogner de bei Zowwels Cili gewuhnt hot wor en Spezialist fer Radio und Fernseher.
- De Lang Adolf hot zou seiner Zeit viel Handwerker aus Hollesse und Umgebung Arbeit und Brot gewe.
- Än de Ballfabrik Minz sän domols Hula Hup Reife gemocht worn un Gummibäll und Roller.
- Und hänne gejeiwwer vum Minz hot de Wahl än Hingelsfarm do kunnt mer äm Summer junge Hinkel kaafe.

Die ganze Familije hun vu dene Geschäfte bescheiden und glicklisch gelebt.

*Quelle: Josef Friedrich*

*Wendelinuskapelle – gezeichnet von Elvi Plemper geb. Rompel*

Montag den 12. d. M., Nachmittags 1 Uhr, werden die Mobilien des verstorbenen Johann Friedrich dahier, bestehend in 2 1/2 Malter Korn, 6 1/2 Malter Gerste und 2 1/2 Malter Hafer; sodann Korn-, Waizen- und Haferstroh, circa 8 Cent. Heu, Fuhrgeschirr, Bettwerk, Weißzeug rc. abtheilungshalber in dem Sterbehause dahier versteigert.

Lindenholzhausen, den 7. Oct. 1846.

Simonis, Schultheiß.

1846
Versteigerung
Hausrat

Mittwoch den 24. d. M., Nachmittags 1 Uhr, werden die von dem verstorbenen Johann Friedrich ausgestellten 120 Ruthen Kartoffeln abtheilungshalber auf dem Felde in vier Parzellen gegen gleich baare Zahlung meistbietend versteigert.

Lindenholzhausen, den 17. Sept. 1846.

Simonis, Schultheiß.

1846
Versteigerung
Kartoffeln

Auf freiwilliges Anstehen der Wittwe des Johann Jung (Dieffenbach) werden Mittwoch den 21. d. M., Nachmittags 1 Uhr, in deren Behausung ein braunes Pferd, eine tragbare Kuh, zwei Rinder, zwei Fuder Kornstroh, anderes Stroh, ein Karrn, ein Pflug, eine Egge, Ketten und sonstige allerlei Hausmobilien versteigert.

Lindenholzhausen, den 15. Januar 1846.

Simonis, Schultheiß.

1846
Versteigerung
Tiere

Montag den 28. d. M., Nachmittags 1 Uhr, wird dahier das Gemeinde-Backhaus zum Brodbacken auf 3 nacheinanderfolgenden Jahre meistbietend verpachtet. Dieses Geschäft ist bisher von dem Pächter mit gutem Erfolg betrieben worden, und verspricht einem thätigen Manne im Verkauf von Weiß- und Schwarzbrod vielen Abgang.

Lindenholzhausen, den 23. Sept. 1846.

Simonis. Schultheiß.

1846
Gemeinde-
backhaus

1846
Vormund-
schaften und
Zinsen

## Privat-Bekanntmachungen.

Bei Johann Rumpel zu Lindenholzhausen liegen 800 fl. Vormundschaftsgeld gegen gerichtliche Sicherheit und 4 % Zinsen zum Ausleihen bereit.

Montag den 10. April Nachmittags 1 Uhr wird dahier die Schafweide von 250 Stück aufzutreiben, meistbietend versteigert. Bemerkt wird, daß es an Weide nicht fehlen kann, weil 100 Morgen Waldungen ausgerottet und zu Feld angelegt werden, worauf die Schafe Weide genug erhalten.

Lindenholzhausen den 2. April 1848.

Simonis Schultheiß.

1848
Versteigerung
Schafweide

1850 Gesangverein Sängerfest

Sonntag den 25. August feiert der Lindenholzhäuser Gesangverein am Sauerbornswäldchen sein jährliches Sängerfest; indem ich die Freunde des Gesanges hierzu höflichst einlade, bemerke ich, daß ich bei dieser Gelegenheit mit guten Speisen und Getränke bestens versehen sein werde.

Lindenholzhausen, den 17. Aug. 1850.

**Paul Simonis, Gastwirth.**

1851 Wahlmänner und Wahlorte

## An die Hrn. Bürgermeister des Kreises.

Die Wahl der Abgeordneten zur Ständeversammlung betreffend.

In Gemäßheit des §. 17 und 18 der Verordnung vom 25. November 1851 sind mit Rücksicht auf die Seelenzahl nach den neuesten Bevölkerungslisten folgende Bestimmungen über die Wahlbezirke, die Zahl der in jedem Bezirke zu wählenden Wahlmänner, und die Wahlorte von der unterzeichneten Stelle getroffen worden.

| Nummer des Wahlbezirks. | Namen der Gemeinden welche einen Wahlbezirk bilden. | Zahl der Einwohner im Einzelnen. | Zahl der Einwohner im Ganzen. | Zahl der Wahlmänner. | Angabe des Orts in welchen die Wahl vorgenommen wird. |
|---|---|---|---|---|---|
| | I. Justizamt Limburg. | | | | |
| 1 | Limburg | — | 3625 | 18 | Limburg. |
| 2 | Dauborn | — | 1299 | 6 | Dauborn. |
| 3 | Dern | — | 907 | 5 | Dehrn. |
| 4 | Heringen | — | 679 | 3 | Heringen. |
| 5 | Kirberg | 1179 | | | |
| | und Ohrn | 495 | 1674 | 8 | Kirberg. |
| 6 | Lindenholzhausen | — | 1094 | 5 | Lindenholzhausen. |
| 7 | Mensfelden | — | 1151 | 6 | Mensfelden. |
| 8 | Nauheim | — | 645 | 3 | Nauheim. |
| 9 | Niederbrechen | — | 1305 | 7 | Niederbrechen. |
| 10 | Oberbrechen | — | 1063 | 5 | Oberbrechen. |
| 11 | Staffel | 490 | | | |
| | und Dietkirchen | 588 | 1078 | 5 | Dietkirchen. |
| 12 | Eschhofen | 473 | | | |
| | und Mühlen | 179 | 652 | 3 | Eschhofen. |
| 13 | Linter | | | | |
| | Neesbach | 316 | | | |

1852
Abgelehnte Bürgerrechte

16) Das Gesuch des Friedr. Pree von Lindenholzhausen um Gestattung, das angeborne Bürgerrecht antreten zu dürfen, wurde abgeschlagen, da er weder Vermögen besitzt noch ein Gewerb gelernt hat.

---

Georg Barth von Lindenholzhausen will mit seiner Familie nach Amerika auswandern.
Limburg, den 16. Juli 1853. H. N. Kreisamt.
König.

1853
Auswanderung

1853
Auswanderung

Adam Löw von Lindenholzhausen will mit seiner Familie nach Amerika auswandern, was der Verordnung vom 24. März 1849 gemäß zur öffentlichen Kenntniß gebracht wird.
Limburg, den 7. Juni 1853. H. N. Kreisamt.
v. Langen.

---

Johann Adam's Wittwe von Lindenholzhausen will nach Amerika auswandern, was der V. O. vom 24. März 1849 gemäß zur öffentlichen Kenntniß gebracht wird.
Limburg, den 7. Juni 1853. H. N. Kreisamt.
v. Langen.

---

Dem Jos. Dernbach von Lindenholzhausen ist am verflossenen Montag ein schwarzer Pudel-Hund zugelaufen.
Der Eigenthümer kann denselben gegen Erstattung des Futtergeldes wieder zurückerhalten.

1854
Pudel

gen. Der deßfallsige Bericht ist binnen 14 Tagen zu erstatten.

Limburg, den 20. September 1852.

H. N. Kreisamt.
König.

---

An die Herrn Bürgermeister des Kreises.

Die Feuerpolizei betr.

Da sich ergeben, daß in den meisten Gemeinden nicht die vorschriftsmäßige Anzahl Feuereimer vorhanden ist, so werden die Herrn Bürgermeister beauftragt, zur Anschaffung der fehlenden Eimer die nachverzeichneten Beträge in den 1853r Rechnungsüberschlag aufzunehmen und zwar für die Gemeinde:

| | fl. | | fl. |
|---|---|---|---|
| Limburg . . | 100 | Horhausen . . | 17 |
| Dauborn . . | 92 | Isselbach . . | 24 |
| Dehrn . . | 60 | Kalkofen . . | 5 |
| Dietkirchen . | 38 | Kaltenholzhausen | 30 |
| Heringen . | 28 | Langenscheid . | 39 |
| Kirberg . . | 50 | Laurenburg . | 21 |
| Lindenholzhausen | 60 | Lohrheim . . | 23 |
| Mensfelden . | 75 | Netzbach . . | 4 |
| Mühlen . . | 14 | Niederneisen . | 35 |
| Niederbrechen . | 35 | Oberneisen . . | 25 |
| Oberbrechen . | 27 | Ruppenrod . | 6 |
| Ohrn . . | 51 | Scheid . . | 25 |
| Staffel . . | 12 | Schießheim . | 10 |
| Werschau . . | 23 | Schönborn . . | 21 |
| Diez . . . | 100 | Steinsberg . | 9 |
| Altendiez . . | 42 | Wasenbach . . | 11 |
| Aull . . . | 2 | Arfurt . . | 30 |
| Balduinstein . | 4 | Aumenau . . | 14 |
| Biebrich . . | 18 | Blessenbach . | 25 |
| Birlenbach . . | 50 | Ennerich . . | 14 |
| Burgschwalbach . | 30 | Eschenau . . | 25 |
| Charlottenberg . | 4 | Falkenbach . . | 18 |
| Cramberg . . | 22 | Gaudernbach . | 30 |
| Dörnberg . . | 27 | Heckholzhausen | 36 |
| Flacht . . | 35 | Hofen . . | 30 |
| Freiendiez . . | 81 | Langheck . . | 15 |
| Geilnau . . | 20 | Laubuseschbach . | 25 |
| Giershausen . | 5 | Münster . . | 50 |
| Gückingen . . | 6 | Obertiefenbach . | 41 |
| Hahnstätten . | 54 | Schadeck . . | 15 |
| Hambach . . | 4 | Steeten . . | 27 |
| Heistenbach . | 15 | Villmar . . | 50 |
| Hirschberg . . | 14 | Weyer . . | 50 |
| Holzheim . . | 41 | Wirbelau . . | 50 |
| Holzappel . . | 50 | Wolfenhausen . | 30 |

Da ferner in jeder Gemeinde wenigstens 4 Feuerhaken und zei Feuerleitern vonhanden sein müssen, so ist in den 1853r Rechnungsüberschlägen derjenigen Gemeinden, in welchen diese Anzahl Haken und Leitern sich nicht befindet, auch der Kostenbetrag für Anschaffung der fehlenden Stücke aufzunehmen.

Limburg, den 22. September 1852.

H. N. Kreisamt.
v. Langen.

*1852 Auflistung der Feuereimer pro Gemeinde*

An
die Herrn Bürgermeister zu Heringen, Kirberg, Lindenholzhausen, Niederbrechen, Ohrn, Werschau, Münster, Blessenbach, Villmar, Weyer, Altendiez, Biebrich, Balduinstein, Laurenburg, Langenscheid, Hahnstätten, Scheid, Schiesheim und Wasenbach.

Den Debit der Feuereimer betr.

Es sind die für Ihre Gemeinden bestellten Feuereimer fertig und liegen zur Abgabe bereit.

Die Hrn. Bürgermeister der oben genannten Gemeinden haben solche in dem Kreisamtslokale, die Bürgermeister des Amts Diez bei der Zuchthausdirection in Diez binnen 8 Tagen abholen zu lassen.

Limburg, den 7. Juli 1853.

H. N. Kreisamt.
v. Langen.

1853
Anordnung
für
Feuereimer

1854
Impf-Tabellen
erstellen

Erinnerung.

Die H. Bürgermeister von Niederbrechen, Lindenholzhausen, Mensfelden, Mühlen, Dehrn, Staffel und Werschau werden wiederholt ersucht, die vorschriftsmäßigen Impftabellen aufzustellen und an mich einzusenden.

Limburg, den 4. Mai 1854.

Hild, Medicinalassistent

Da sich meine Ehefrau, Euphrosine Dernbach geborene Barth von hier, seit einiger Zeit von mir ohne Grund getrennt hat, so warne ich hiermit Jeden, derselbe irgend etwas auf meinen Namen zu geben oder zu borgen, indem ich von heute an für nichts mehr hafte.

Lindenholzhausen, den 14. Juli 1854.

Joseph Dernbach.

1854
Ehefrau
hat
sich
getrennt

1855
Ver-
steigerung

Mittwoch den 4. und Donnerstag den 5. April Morgens 10 Uhr anfangend, werden auf freiwilliges Ansuchen des Heinrich Joseph Löw dahier, in dessen Behausung: 2 einjährige Stierkälber, ein vollständiges Pferdegeschirr, circa 5 Fuder Kornstroh, 9 Fuder Waizenstroh, 3 Fuder Gerstenstroh, 3 Fuder Haferstroh, 28 Centner süßes und 15 Cnt. saures Heu, 6 Centner Kleeheu, 30 Säcke Gestitt, 30 Cnt. Kartoffeln, ein Karn, ein Wagen, Bind- und Ackerketten sowie noch sonstiges allerlei Fahrgeschirr und Hausmobilien einer öffentlichen Versteigerung meistbietend ausgesetzt.

Lindenholzhausen, den 30. März 1855.

Rompel. Bürgermeister.

1855
Zwei
Kinder
weggelaufen

Ausschreiben.

Das zwecklose Umherziehen der Kinder des Georg Fuchs von Lindenholzhausen betr.

Die unten signalisirten Kinder haben sich seit gestern aus ihrer Heimath entfernt und treiben sich jedenfalls zwecklos umher. Die Herrn Bürgermeister und Landjäger werden ersucht, dieselben im Betretungsfalle zu arretiren und hierher vorführen zu lassen.

Limburg, den 5. Juli 1855.

Herzl. Nass. Amt.
Eberhard.

Signalement des Jakob Fuchs. Alter: 14 Jahre. Größe: 4' 3". Haare: blond. Augen: braun. Nase: breit. Mund: gewöhnlich. Zähne: gut. Kinn: oval. Gesichtsbildung: oval. Gesichtsfarbe: gesund. Gestalt: klein. Besondere Kennzeichen: Flecken auf dem rechten Auge.

Signalement des Adam Fuchs. Alter: 11 Jahre. Größe: 3' 6". Haare: blond. Augen braun. Nase: gewöhnlich. Mund: mittel. Kinn: oval. Gesichtsbild. oval Gesichtsfarbe: gesund. Gestalt klein.

1855
Verweigerte
Bürger-
aufnahme

1) Die Beschwerde des Obersteigers Joh. Wilh. Schwarz von Lindenholzhausen wegen verweigerter Bürgeraufnahme in die dasige Gemeinde, die Beschwerde für begründet zu erachten, da Bittsteller als Obersteiger einen hinreichenden Erwerb findet, und sein eignes wie das Vermögen seiner Braut der Befürchtung, er werde der Gemeinde Lindenholzhausen zur Last fallen, keinen Raum gibt; und demgemäß die Aufnahme als Bürger nach Lindenholzhausen der Gemeinde aufzugeben.

Ausschreiben.

Vor einiger Zeit sind in der Nähe von Lindenholzhausen folgende Gegenstände gefunden worden:

1) ein Paar leinene blaue Hosen,
2) ein Stück Hamans,
3) ein leinenes Mannshemd ohne Zeichen,
4) ein altes zerreissenes Weibshemd; auf der Brust W. M. S., auf der linken Seite J. Z. gezeichnet.
5) ein altes weißes Taschentuch,
6) eine blau und weiß gestreifte Schürze,
7) ein kleines Stück desselben Zeuges.

Die Herrn Bürgermeister und die Herz. Landjäger werden beauftragt, Nachforschungen über die Eigenthümer oder früheren Besitzer dieser Gegenstände anzustellen und im Entdeckungsfalle darüber anher zu berichten.

Limburg, den 6. Semtbr. 1856. H. N. Amt.
Eberhard.

1856
Gefundene Gegenstände

Donnerstag den 24. März Mittags 1 Uhr werden auf hiesiger Bürgermeisterei nachstehende Reparaturarbeiten, an der Brücke über die Emsbach bei der Mühle, als

1) Maurerarbeit veranschlagt . . . 13 fl. 15 kr.
2) Zimmerarbeit " . . . 30 fl. —
3) Schlosser- oder Schmiedarbeit . . 8 fl. 40 kr.

wenigstnehmend versteigert.

Lindenholzhausen den 15. März 1856.
Rompel, Bürgermeistre.

1856
Reparatur Emsbachtal-brücke

2) Die Beschwerde der Marg. Becker von Lindenholzhausen wegen verweigerter Unterstützung abzuschlagen, da die Gemeinde bereits 2 außerehelicher Kinder der Bittstellerin auf ihre Kosten in Accord gegeben, die Bittstellerin gesund und kräftig und deßhalb bei gehörigem Fleiße sich und ihr weiteres Kind zu ernähren im Stande ist.

1856
Abgelehnte Unter-stützung

1856
Beschluss Bezirksrat

5) Die Beschwerde der ledigen Marg. Becker von Lindenholzhausen in gleichem Betreff, abzuschlagen, da dieselbe gesund und arbeitsfähig ist und die Gemeinde bereits ihre beiden unehelichen Kinder zu versorgen hat.

Die Tüncherarbeit an der Kirche zu Lindenholzhausen, veranschlagt zu 80 fl. soll
Donnerstag den 19. Juni l. J. Morgens 8 Uhr auf hiesiger Amtsstube an den Wenigstnehmenden vergeben werden.
Limburg, den 10. Juni 1856. H. N. Amt.
Becker.

1856
Tüncharbeiten-Kirche

1857
Dach unterhaltung

**Bekanntmachung.**

Mittwoch den 18. März d. J. Mittags 1 Uhr wird auf hiesiger Bürgermeisterei die Dachunterhaltung auf den Gemeinden- und Pfargebäuden auf die Dauer von fünf Jahren wenigstnehmend öffentlich versteigert.
Lindenholzhausen, den 9. März 1857.
Rompel, Bürgermeister.

Die Revision der Refracteurtabelle betr.
Die H. Bürgermeister der Wohnorte der nachverzeichneten Refracteure:
1) Carl Wagner, 2) Heinr. Bender, 3) Jac. Bach, 4) Jos. Bender, 5) Jac. Petmecky, 6) Joh. Wilh. Burkhard und 7) Adam Müller von Limburg; 8) Joh. Wilh.

1858
Brecher-Gruppe Fidelio

1857
Straßen-unterhaltung

**Bekanntmachung.**

Freitag den 19. Juni, Morgens 8 Uhr, werden auf der Amtsstube zu Limburg nachstehende Chaussee-Unterhaltungsarbeiten an den Wenigstnehmenden öffentlich vergeben:
1) Steinbrechen im Hornköppel bei Oberbrechen, veranschlagt zu . . . . . . . . 39 fl. 18 kr.
2) Steintransport aus dem Nauheimer Kopf auf die hohe Straße, Gemark. Lindenholzhausen . . . . . . . 22 fl. 12 kr.
3) Steintransport aus dem Hornköppel auf die hohe Straße, Gemark. Niederbrechen . . . . . . . . . . 39 fl. 18 kr.
4) Steinschlagen in der Gemark. Lindenholzhausen . . . . . . . . . 25 fl. 12 kr.
5) Steinschlagen in der Gemark. Niederbrechen . . . . . . . . . . 115 fl. 36 kr.

Limburg, den 6. Juni 1857.
Herzogl. Näss. Amt.
Eberhard.

## Uebersicht

der im Amte Limburg im Jahr 1859 Gebornen, Copulirten und Gestorbenen.

| Gemeinden | Copulirte | Geborene | | | | | Gestorbene | | | | | | | | | | |
|---|---|---|---|---|---|---|---|---|---|---|---|---|---|---|---|---|---|
| | | Eheliche | | Unehl | | ImGanzen | Von 1—12 Jahren | | Von 13—25 Jahren | | Von 26—50 Jahren | | Von 51—75 Jahren | | Von 76—100 Jahren | | ImGanzen |
| | Par. | M. | W. | M | W | | M. | M. | M. | W. | M. | W. | M. | W. | M. | W. | |
| 1) Limburg | 32 | 59 | 46 | 5 | — | 110 | 27 | 10 | 4 | 3 | 13 | 14 | 16 | 9 | 2 | 3 | 101 |
| 2) Dauborn-Eufingen | 13 | 14 | 14 | 2 | — | 30 | 2 | — | 1 | 2 | 1 | 2 | 3 | 3 | 1 | — | 15 |
| 3) Dehrn | 4 | 33 | 12 | — | — | 45 | 14 | 4 | — | — | 4 | 2 | — | 6 | — | 1 | 31 |
| 4) Dietkirchen | 3 | 20 | 10 | — | — | 30 | 3 | 2 | — | 1 | 1 | — | 2 | 4 | — | 2 | 15 |
| 5) Eschhofen | 4 | 8 | 13 | — | — | 21 | 1 | — | 1 | — | 2 | 1 | 2 | — | — | — | 7 |
| 6) Heringen | 5 | 10 | 15 | 1 | — | 26 | 2 | 2 | — | — | 1 | 1 | 2 | 1 | — | — | 9 |
| 7) Kirberg | 9 | 24 | 20 | 2 | 2 | 48 | 4 | 1 | 1 | — | 1 | 2 | 6 | 1 | 1 | — | 17 |
| 8) Lindenholzhausen | 7 | 28 | 25 | — | 1 | 54 | 6 | 11 | 1 | — | 1 | 5 | 1 | 4 | — | 3 | 32 |
| 9) Linter | 1 | 6 | 6 | 2 | — | 14 | 1 | 2 | — | — | — | — | 1 | 1 | 2 | 1 | 9 |
| 10) Mensfelden | 6 | 16 | 17 | 2 | 1 | 36 | 5 | 5 | 2 | 5 | 1 | 3 | 4 | 5 | 2 | — | 32 |
| 11) Mühlen | 2 | 2 | 2 | — | — | 4 | — | 1 | — | — | — | 1 | 2 | — | — | — | 4 |
| 12) Nauheim | 2 | 10 | 4 | 2 | — | 16 | 2 | 1 | — | 3 | — | — | 2 | — | — | 1 | 9 |
| 13) Reesbach | 6 | 5 | 5 | 1 | 1 | 12 | 2 | 1 | — | — | — | — | 1 | 5 | — | 1 | 10 |
| 14) Niederbrechen | 19 | 32 | 17 | 1 | 3 | 53 | 10 | 6 | — | 1 | 2 | 2 | 3 | 2 | 1 | 2 | 29 |
| 15) Oberbrechen | 9 | 24 | 30 | 1 | — | 55 | 5 | 7 | 2 | 1 | 1 | — | 2 | 2 | 1 | 3 | 24 |
| 16) Ohren | 1 | 6 | 10 | 4 | 1 | 21 | 2 | 1 | — | 4 | — | 2 | — | 1 | — | — | 10 |
| 17) Staffel | 6 | 3 | 9 | — | 1 | 13 | — | — | — | — | — | — | 4 | 6 | 1 | — | 11 |
| 18) Werschau | 9 | 8 | 11 | — | — | 19 | 2 | 5 | — | 2 | 2 | 1 | — | 1 | 1 | — | 14 |
| | 138 | 308 | 266 | 23 | 10 | 607 | 88 | 59 | 12 | 22 | 30 | 36 | 51 | 52 | 12 | 17 | 379 |

Limburg, den 10. Januar 1860.

Herzoglich Nassauisches Amt.
Langsdorff.

*1861 Flöte*

☞ Am vorigen Montag wurde zwischen Ennerich und Lindenholzhausen eine **Flöte**, um welche ein rothes Taschentuch gewickelt war, verloren. Der redliche Finder wird gebeten, dieselbe bei der Expedition oder bei Heinr. Röther in Lindenholzhausen gegen eine Belohnung abzugeben.

## Bekanntmachung.

Ich, die unterzeichnete Ehefrau des **Georg Kraus**, Schneider von Lindenholzhausen, warne hierdurch Jedermann, meinem Ehemanne, welcher Hang zur Verschwendung hat, etwas zu borgen, und erkläre hiermit, daß ich für keine Schulden, welche derselbe ohne mein Wissen und Willen macht, Zahlung leisten werde.

Lindenholzhausen, den 28. Februar 1864.

**Anna Maria Kraus.**

*1864 Verschwend-ungssucht*

1864 Die Polizeistunde

## Die Polizeistunde.

Wer des Berufes schwere Pflichten
Mit Fleiß und Eifer gut vollbringt,
Den wird man nicht so strenge richten,
Wenn Abends er ein Schöppchen trinkt.

Doch kaum hat man recht angefangen,
Und ist damit im besten Zug,
Da kommt ein Säbelheld gegangen
Und sagt: Ihr Herr'n! Es ist genug.

Die Glocke hat schon Eilf geschlagen,
D'rum trinket rasch die Gläser leer,
Und laßt es euch nicht zweimal sagen,
Sonst gebt ihr Dreißig Kreuzer her.

Dagegen ist nun nichts zu machen,
Obgleich man gar nicht gern aufsteht,
Und durch so ganz verkehrte Sachen
Manch' schöner Durst verloren geht.

Dies' Neue läßt sich schwer gewöhnen,
Und wenn man die Gerühlten zählt,
So sind es meistens Herren, denen
Die Frau als Polizeiwacht fehlt.

Die Menschheit hat genug der Schmerzen,
D'rum laßt sie doch des Nachts in Ruh',
Nehmt ihr den harten Stein vom Herzen
Und drückt dabei ein Auge zu.

Denn, wer den Wirthen all' zum Leide
Die Polizeistund' aufgebracht,
Der hat mehr an den Schlaf der Leute
Als ihren großen Durst gedacht.

Und dieser Durst! der treue Bruder,
Wie wirkt er heilsam in der Welt,
Er hält die Thätigkeit am Ruder
Und kostet uns das meiste Geld.

Drum sollte man ihn ja nicht stören,
Viel besser wär's, ihn noch geweckt,
Er hilft die Einnahm' euch vermehren,
Die als Accis die Schulden deckt.

Damit der Zwang des Abends falle,
So laßt die Polizeistund' sein,
Und führt sie mit mehr Glück für Alle
Zum Aufsteh'n lieber Morgens ein.

Geor

1867 Mühlen-
verkauf

## Mühlenverkauf.

Der Unterzeichnete ist Willens, seine nahe bei Lindenholzhausen stehende Mühle, nebst den nahe dabei liegenden drei Gärten, 60 Ruthen haltend, Wiesen und Aecker unter annehmbaren Bedingungen aus der Hand zu verkaufen. Die Mühle besteht aus drei Mahlgängen, einem Rollgange nebst einer Oelmühle und Hanfreib. Es kann auf gedachter Mühle sowohl bei großem wie auch bei kleinem Wasser gemahlen werden.

Einsicht kann jederzeit genommen werden.

Lindenholzhausen. **Joseph Zimmermann.**

1867
Auswanderung
P. Steinf

**Bekanntmachung.**

Der Landmann Philipp Stein von Lindenholzhausen beabsichtigt mit Familie nach Nordamerika auszuwandern.

Limburg, den 28. Febr. 1867. Königliches Amt.
Isbert.

1867
Versteigerung
wegen
Auswanderung

**Bekanntmachung.**

Donnerstag den 14. März, Mittags 12 Uhr, lasse ich Folgendes in meiner Behausung auswanderungshalber versteigern: einen vollständigen Wagen, einen Pflug, eine Egge, Dung, 3 Fuder Kornstroh, 2 Fuder Waizenstroh, 3 Fuder Haferstroh, 1½ Fuder Gerstenstroh, 10 Centner süßes Heu, 3 Ctr. Grummet, 40 Säcke voll Gestit, 50 Ctr. Kartoffeln, 3 Wagen voll Dickrüben.

Lindenholzhausen. Philipp Stein.

1868
Feuer gelegt

Georg Friedrich von Lindenholzhausen, 14 Jahre alt, ging am 13. Sept. l. Js. mit anderen Knaben nach Limburg. Als sie an eine Wiese, deren Gras dürr war, kamen, sagte der Angekl., er wolle ein Feuerchen anmachen und steckte mit einem Zündhölzchen das Gras an. Erst, nachdem das Gras schon in Brand gerathen war, bemerkte er, daß Flachs auf der Wiese lag, versuchte das Feuer wieder zu löschen, konnte jedoch nicht mehr verhüten, daß der Flachs von dem Feuer ergriffen und ein Schaden von 12 Thlrn. angerichtet wurde. Er wird wegen fahrlässiger Brandstiftung in eine Gefängnißstrafe von acht Tagen verurtheilt.

1868
Todesanzeige
Bürgermeister
Rompel

**Todesanzeige.**

Allen Verwandten und Bekannten hiermit die traurige Mittheilung, daß, nachdem erst unsere gute Mutter am 6. November 1867 in ihrem 52. Lebensjahre verstorben, nun auch unser theuerster Vater

**Bürgermeister Rompel**

heute Mittag 1 Uhr in seinem 52. Lebensjahre in die Ewigkeit hinübergegangen ist und nächsten Freitag den 14. Februar beerdigt wird.

Es bitten um stille Theilnahme **Die trauernden Kinder.**

Lindenholzhausen, den 11. Februar 1868.

*1868*

*Neuer Lehrsaal*

**Bekanntmachung.**

Wegen Herrichtung eines dritten Lehrsaales sind erforderlich:

1) 10 Stück neue Subselien nach neuester Construktion veranschlagt zu Thl. Sgr. 83. 10.
2) ein $4\frac{1}{2}'$ langer und 2′ 4″ breiter Tisch veranschlagt zu 3. 18.
3) ein starker Stuhl entweder von Eichen- oder Nußbaumholz gut gefirnißt zu . . . . . . . 2. 10.
4) eine Tafel von Tannenholz veranschlagt zu . . . . . . 3. 15.

Summa 92. 23.

Diese bezeichneten Arbeiten sollen
Dienstag den 22. d. Mts.
Mittags 2 Uhr
auf der Bürgermeisterei dahier wenigstnehmend öffentlich vergeben werden.

Die Herren Bürgermeister werden um gefällige Bekanntmachung ersucht, indem kein weiteres Ausschreiben mehr erfolgt.

Lindenholzhausen, den 17. Sept. 1868.

Der Bürgermeister:
Simonis.

*1869*

*Ausschreibung Neue Schule*

# Bekanntmachung.

Donnerstag den 15. Juli l. J.
Mittags 2 Uhr
werden im Gemeindehause zu Lindenholzhausen wegen Erbauung eines neuen Schulgebäudes folgende Bauarbeiten versteigert:

1) Grundarbeit veranschl. zu 88 Thl.
2) Steinhauerarbeit " " 530 "
3) Maurerarbeit " " 1095 "
4) Maurermaterialienlieferung incl. Kalk, Sand u. Backsteine veranschl. 1854 Thl.
5) Zimmerarbeit " 1438 "
6) Dachdeckerarbeit " 491 "
7) Schreinerarbeit " 695 "
8) Hütten- und Schlosserarbeit incl. Lieferung von 5 Oefen 355 "
9) Glaserarbeit veranschl. zu 259 "
10) Spenglerarbeit " " 57 "
11) Tüncherarbeit " " 371 "
12) Pflasterarbeit " " 12 "
13) Anstreicherarbeit " " 3 "

Die Herren Bürgermeister werden u gefällige Bekanntmachung ersucht.

Lindenholzhausen, den 4. Juli 1869.

Der Bürgermeister
Simonis.

# ☞ Gefunden

wurde am 13. d. Mts. auf der Chaussee zwischen Lindenholzhausen und Limburg ein Beutel mit Geld. Wer sich als Eigenthümer ausweist, kann bei dem Unterzeichneten gegen Entrichtung der Einrückungsgebühr wieder in den Besitz gelangen.

Lindenholzhausen, den 17. August 1870.

Der Bürgermeister:
Simonis.

*1870*
*Beutel*
*mit*
*Geld*

Ein braver Junge kann die Bäckerei erlernen bei **Bernh. Wagner,** Lindenholzhausen. Bäcker.

*1870 Bäcker-Lehrling*

**Gefunden**

wurde am Abend des 31. März auf der Landstraße zwischen Limburg u. Lindenholzhausen ein dem Verenden naher Hammel. Derselbe ist nun wirklich krepirt. Der Eigenthümer kann gegen Entrichtung der Inseratgebühren, des 1tägigen Futtergeldes und Abzieherlohn die Haut binnen 14 Tagen dahier in Empfang nehmen, ansonst dieselbe dem Finder als Eigenthum überlassen werden wird.

Lindenholzhausen, den 2. April 1870.

Simonis, Bürgermstr.

*1870 Toter Hammel*

Hiermit zeige ergebenst an, daß ich mich in hiesiger Stadt als

**Zimmermeister**

etablirt habe. Alle in dieses Fach einschlagende Arbeiten werde ich reell und pünktlich ausführen. **Georg Breser**

(aus Lindenholzhausen)

wohnh. bei H. Conditor Hensler (Vorstadt).

Limburg, den 19. April 1870.

*1870 Zimmermeister Breser*

1870

*Entlaufener Ehemann*

# Amtlicher Theil.

Der seitherige Grubensteiger Adam Stein 5. von Lindenholzhausen hat sich vor einigen Wochen mit Zurücklassung seiner Ehefrau von Haus entfernt und zieht beschäftigungslos umher, meist in Begleitung der ledigen Maria Anna Eisenkopf von Hintermeilingen, A. Hadamar.

Die Polizeibehörden werden ersucht, den Adam Stein 5., falls er betreten wird, anzuweisen, sich zur Ernährung seiner Ehefrau sofort nach Lindenholzhausen zurückzubegeben, und in diesem Falle Mittheilung hierher zu machen.

Limburg, den 13. Juni 1870. Königliches Amt.
Lorsbach.

Signalement des Adam Stein 5. von Lindenholzhausen.

Alter: ungefähr 46 Jahre, Größe: 5 Fuß 6 Zoll, Haare: blondröthlich, Stirne: hoch, Augenbraunen: blondröthlich, Augen: grau, Nase: stark, Mund: mittel, Zähne: gut, Kinn: spitz, Gesichtsfarbe: gesund, Körperbau: stark.

1870

*Körperverletzung und Ruhestörung*

n 29. Januar 1870.

Ein Bursche von Lindenholzhausen wird wegen Mißhandlung eines öffentlichen Beamten und Ruhestörung angeklagt. Von den Nachtwächtern zur Ruhe verwiesen, schlug er dem einen mit einem Stück Holz über den Rücken und warf es dann dem andern auf das Auge. Er wird in eine Gefängnißstrafe von fünf Wochen und in 3 Thlr. Geldbuße verurtheilt.

Ww. Schäfer von Elz wurde der Urheberschaft eines Diebstahls angeklagt, indem sie ihre Angehörigen veranlaßte, einen Acker abzuärndten, der sich im Besitze eines Anderen befand. Sie wurde freigesprochen, da sie über die Eigenthumsverhältnisse sich in einem Irrthum befunden hatte.

**Limburg,** 30. Dezbr. Das Resultat der Volkszählung im Amt Limburg ergab 18,527 Seelen (9119 männl., 9408 weibl.), 4162 Haushaltungen und 2826 Häuser. Die Zahl der Einwohner vertheilt sich wie folgt:

| | | | |
|---|---|---|---|
| Limburg | 4821 | Mensfelden | 1097 |
| Dauborn-Eufingen | 1331 | Mühlen | 224 |
| Dehrn | 1082 | Nauheim | 563 |
| Dietkirchen | 659 | Neesbach | 455 |
| Eschhofen | 640 | Niederbrechen | 1399 |
| Heringen | 701 | Oberbrechen | 1226 |
| Kirberg | 1181 | Ohrn | 462 |
| Lindenholzhausen | 1221 | Staffel | 671 |
| Linter | 379 | Werschau | 468 |

Die weibliche Bevölkerung übersteigt die männliche um 280.

*1871*
*Volkszählung*

*1870*
*Verschwundene Frau*

Die geisteskranke Margaretha Stein (Tochter des Jac. Stein 3.) von Lindenholzhausen hat sich am 18. d. M. heimlich von da entfernt und ist spurlos verschwunden, nachdem sie gegen den 19. d. Mts. bei der Hühnerkirche (A. Wehen) noch gesehen worden war. — Alle Polizeibehörden werden ersucht, nach derselben zu fahnden, sie im Betretungsfalle festnehmen und unter Begleitung nach Lindenholzhausen bringen zu lassen.

Limburg, den 26. Juli 1870. Königliches Amt.
Lorsbach.

Signalement. Alter: 27 Jahre, Größe: circa 5 Fuß 1 Zoll, Haare blond und kurz geschnitten, Stirne: hoch, Augenbraunen: blond, Augen braun, Nase und Mund: mittel, Kinn und Gesicht: oval, Gesichtsfarbe blaß. Statur: ziemlich stark.

*1871*
*Tanzmusik*

**Lindenholzhausen.**

Sonntag den 20. August findet bei uns

**Tanzmusik**

statt, wozu freundlichst eingeladen wird. Für gute Getränke und Speisen ist reichlich gesorgt.

**Heinr. Friedrich II.**
**Joseph Jung.**

Ausschreiben.

In der Nacht vom 31. Juli auf den 1. August l. Js. sind nachbenannte Gegenstände:

1) ein weiß flächsenes Hemd, noch neu, gez. 1. H., 2) ein wergenes Tischtuch, gez. W. P., 3) ein Frauenhemd (obere Theil und Armen flächsen und Untertheil wergen Tuch) gez. A. M. P., 4) ein blaugestreifter Arbeitskittel, 5) ein blaugestreiftes Hemd, fast neu, ohne Zeichen, 6) ein weiß leinenes Sacktuch — von der Bleiche in Lindenholzhausen entwendet worden.

Um gefällige Recherche wird gebeten. Der Staatsanwalt:

Limburg, 4. August 1871. I. V.: Exner.

1871

Diebstahl

Bleiche

# Gesang-Verein „Liederkranz" zu Lindenholzhausen.

Sonntag den 8. September cr.:

**Fahnenweihe,**

wozu alle Freunde des Gesanges ergebenst eingeladen werden. Das Nähere besagt das Festprogramm.

**Der Vorstand.**

1872

Fahnenweihe

Liederkranz

# Bekanntmachung.

Montag den 16. Juli l. Js. Nachmittags 3 Uhr

werden die zur Concursmasse des Joseph Zimmermann II. zu Lindenholzhausen gehörenden Immobilien, bestehend in einer bei Lindenholzhausen gelegenen 2stöckigen Mahlmühle, mit Anbau, Scheuer und Stallung, nebst 20 in dasiger Gemarkung belegenen Grundparzellen, zusammen zu 39,838 Mk. taxirt, auf dem Rathhause daselbst zum erstenmale öffentlich versteigert.

Limburg, den 1. Juni 1877.

Königl. Amtsgericht I.

Linz.

1877

Versteigerung

Mahlmühle

Sonntag den 28. Januar:

**Großes Concert**

verbunden mit theatr. Abendunterhaltung des

**Lindenholzhäuser Gesangvereins**

im Locale des Herrn **J. Wagner**, wozu freundlichst einladet

**Der Vorstand.**

1877
Gesang-
verein

**Bekanntmachung.**

Montag den 23. Juli 1877
Nachmittags 2 Uhr

werden die zur Concursmasse des Joseph Göbel zu Lindenholzhausen gehörigen Immobilien, bestehend in einem daselbst belegenen zweistöckigen Wohnhause mit Scheuer, Stallung und Garten, nebst zwölf in dasiger Gemarkung belegenen Aeckern und Wiesen, zusammen an 4367 Mark taxirt, auf dem Gemeindezimmer zu Lindenholzhausen zum 1. Male versteigert.

Limburg, den 6. Juni 1877.

Königl. Amtsgericht I.
Linz.

1877
Versteigerung
Wohnhaus

**Lindenholzhausen.**

Nächsten Sonntag den 9. Sept. findet dahier bei günstiger Witterung das alljährliche

**Volks-Fest**

mit Tanzbelustigung statt, wozu freundlichst einladen

**Becker** und **Stein.**

1877
Volksfest
(Kirmes)

Nassauer Bote vom 19. April 1930

# Nassauer Bote.

## Lindenholzhausen.

### Ein nassauisches Dorf als Heimatsdorf von vielen Geistlichen, Lehrern, Künstlern, Beamten.

Der neuernannte Koadjutor des Hochwürdigsten Herrn Bischofs von Limburg, Dr. Anton Hilfrich, stammt aus Lindenholzhausen bei Limburg. Da es sicherlich in ganz Deutschland kein Dorf mehr gibt, das so viele wissenschaftlich Gebildete, Geistliche und Lehrer hervorgebracht hat wie Lindenholzhausen, so möge es gestattet sein, einiges über diesen Ort zur öffentlichen Kenntnis zu bringen. Er liegt eine Stunde von Limburg und zählt etwa 1800 Einwohner. Sie sind meistens Bauern, dann Handwerker und ein großer Teil arbeitet von jeher in den Eisenbahnwerkstätten Limburgs. Viele schicken ihre Kinder in das Gymnasium dieser Stadt. Ein Verwandter des künftigen Bischofs ist der Jesuitenpater Rompel in Feldkirch, der sich besonders durch seine Forschungen über die Malaria einen Namen gemacht hat. Der verstorbene Stadtpfarrer Frankfurts, Dr. Hilfrich, war ein Bruder des Dr. Anton Hilfrich. Er studierte in Rom und unterzog sich nach Abschluß seiner Studien einem Examen und einer öffentlichen theologischen Disputation, die seit fünfzig Jahren nicht mehr stattgefunden hatte. Unter den Zuhörern befand sich auch der damalige preußische Gesandte in Rom, von Bülow, welcher seine Regierung auf den hochbegabten jungen Deutschen aufmerksam machte. Ein anderer Bruder machte ein so hervorragendes juristisches Examen, daß ihn der Justizminister sofort zum Amtsrichter ernannte. Leider fiel er schon zu Beginn des Weltkrieges in Frankreich. Andere Geistliche aus Lindenholzhausen sind der verstorbene Pfarrer Bleutge in Hattenheim, Pfarrer Bleutge, dessen Neffe, in Heddernheim, Dekan Stein in Würges bei Camberg, Pfarrer Knodt in Niederhadamar und Kaplan Rompel in Frankfurt. Weiter stammen aus Lindenholzhausen der Professor Kilb in Dortmund, der Direktor des Statistischen Amtes in Mainz, der Direktor des Wohlfahrtsamtes in Essen und noch verschiedene Aerzte.

Die Skulpturen am Schauspielhaus in Frankfurt sind das Werk eines Bildhauers aus Lindenholzhausen. In Lindenholzhausen sind beheimatet: der verstorbene Turninspektor Weidenbusch in Frankfurt, der Schulrat Heinrich Göbel und seine drei Brüder, sämtlich Lehrer in Frankfurt und seine zwei Neffen Löw, Lehrer in Oberhöchstadt und Erbach bei Camberg, der Rektor i. R. Fritz Barth in Frankfurt, der Lehrer Adam Barth, verstorben in Heddernheim, sein Bruder sowie seine Neffen Lehrer Anton Barth in Eppenheim, im Kriege gefallen, und Bernhard Barth, Hauptlehrer in Dietkirchen, Hauptlehrer Bendel in Sonnenberg, die drei Brüder Hilfrich, Johann, Hauptlehrer in Lorch a. Rh., Albert und Leo in Frankfurt, die Brüder Will, Albert in Frankfurt und Franz Hauptlehrer in Dernbach auf dem Westerwald und noch etwa zwanzig andere Lehrer, teils in Wiesbaden, teils auf dem Lande. Aus Lindenholzhausen stammen auch zwei besonders musikalische Familien, die Familien Dernbach, Hilge und Röder. Josef Dernbach dirigierte eine Kapelle, die mit einem Zirkus weite Reisen in Europa und bis nach Kairo unternahm In diesem Zirkus trat auch der musikalische Clown Wilhelm Hilge auf, der besonders durch sein Spiel auf dem Kornet a Piston großen Beifall fand. Auf seinen Reisen vergaß er, sich zur Ableistung seiner Militärpflicht zu stellen. Deshalb wurde er bei seinem nächsten Besuche in der Heimat als unsicherer Heerespflichtiger eingezogen und nach Mainz gebracht. Dort wurde er nach einigen Jahren zum Stabstrompeter und später zum Kapellmeister der Hessischen Garde Nr. 115 in Darmstadt ernannt. Durch seine Kunst wurde er ein Liebling des Großherzogs und durfte mit seiner aus 42 Mann bestehenden Kapelle Konzertreisen unternehmen. Auf diesen kam er auch nach London, spielte vor dem Königlichen Hofe und erhielt als Anerkennung von der Königin Viktoria ein silbernes Kornet a Piston. Auch andere hervorragende Künstler aus den Familien Dernbach und Diefenbach machten von sich reden. Sogar heute noch macht der musikalische Sinn Lindenholzhausens sich bemerkbar. Unter der Leitung von Ferdinand Dernbach steht ein Männergesangverein, der bei größeren Gesangwettstreiten in der Stadtklasse singt und schon verschiedentlich die ersten Preise errungen hat.

*Alte Pfarrkirche – gezeichnet von Elvi Plemper geb. Rompel*

# Lindenholzhäuser Nachrichten

Für den amtlichen Teil verantwortlich: Der Bürgermeister

1. JAHRGANG (138) FREITAG, DEN 23. FEBRUAR 1968 NUMMER 8

## AMTLICHE BEKANNTMACHUNGEN

### Vorerhebung über die Bodennutzung 1968

(Bodennutzungsvorerhebung)

,ufgrund des Gesetzes über Bodennutzungs- und Ernteerhebung vom 23.6.1964 (BGBl. I. S. 405) sind in diesem Jahr die seit der letzten Vorerhebung zur Bodennutzungserhebung eingetretenen Veränderungen festzustellen und die derzeitige Nutzung der Bodenflächen nach Hauptnutzungsarten und Kulturarten zu ermitteln.

Auskunftspflichtig sind die Inhaber und Eigentümer von land- oder forstwirtschaftlichen Betrieben und von Gesamtflächen ab 0,5 Hektar, die ganz oder teilweise land- oder forstwirtschaftlich genutzt werden. Hierzu gehören auch Erwerbsgartenbau-, obst- und weinbaubetriebe sowie Betriebe der Teichwirtschaft und Fischzucht ab dieser Größe.

Den betreffenden Betrieben wird der im vergangenen Jahr von ihnen ausgefüllte Vordruck für die erforderlichen Eintragungen zur Verfügung gestellt. Inzwischen neu entstandene Betriebe haben bei der Gemeindeverwaltung einen Vordruck anzufordern.

Die Erhebung wird Ende Februar/ Anfang März durchgeführt.

### Müllabfuhr

Am kommenden Montag wird der Müll abgefahren. Die Mülleimer sind zur gewohnten Stunde aufzustellen.

### Fundbüro

Folgende Fundsachen sind auf der Gemeindeverwaltung abgegeben worden:

1.Schlüsselbund
1 Kinderturnschuh
1 Brille
2.Schals
Mehrere Kinderpullover und Weste

### Polizeistunde

in den Fastnachtstagen 1968

Der Hess. Minister des Innern hat mit Erlaß vom 23.1.1968 die Polizeistunde in den Nächten vom 24. zum 25.vom 25 zum 26. und vom 26. zum 27. und vom 27. zum 28. Februar 1968 für das Land Hessen aufgehoben.

### Gemeindekasse

Am 15. Februar 1968 waren die Gemeindesteuern- und abgaben für das erste Quartal des Rechnungsjahres 1968 fällig. Sie werden hiermit zur Zahlung angemahnt.

---

## BEREITSCHAFTSDIENSTE

### Ärzte - Sonntagsdienst

24./25. Februar 1968
Dr. TOMIUK, Runkel/Lahn
Telefon 064372/247

### Apotheken - Dienst

24./25. Februar 1968
AMTS-APOTHEKE
Dr. Krippen, Limburg/Lahn
Grabenstraße 32, Telefon Limburg 6987

## STANDESAMTLICHE NACHRICHTEN

### Geburten

Udo Breuer, geb. 4.2.1968 in Limburg, Antoniusstr. 13
Thomas Eufinger, geb. am 12.2.1968 in Limburg, Vehlener-str. 17
Carsten Brahm, geb.am 13.2.1968 in Limburg, Bischof-Hilf-richstr. 11
Jürgen Gros, geb. am 13.2.1968 in Limburg, Frankfurterstr.40

## KIRCHLICHE NACHRICHTEN

### Kath. Kirchengemeinde Lindenholzhausen

Gottesdienstordnung

Sonntags: Frühmesse 7.30 Uhr
Kindergottesdienst 8.45 Uhr
Hochamt 10.15 Uhr
Andacht 13.30 Uhr

Werktags: Montag, Dienstag, Freitag und Samstag 7.15 Uhr hl. Messe
Mittwoch um 8.00 Uhr Frauenmesse und Gedächtnisamt
Donnerstag 7.45 Uhr Schulgottesdienst
Dienstag 20.00 Uhr Rosenkranz der Frauen
Donnerstag von 18 - 19 Uhr Bücherausgabe
Samstag 20.00 Uhr Salveandacht

Mitteilungen der Jugend: (C.A.J.)
Montag 20.00 Uhr Jung C.A.J. f. Mädchen
Mittwoch Arbeitsgemeinschaft f. Mädchen
Mittwoch 20.00 Uhr Jung C.A.J. f. Jungen
Donnerstag 20.00 Uhr C.A.J. f. Jungen von 17 - 18 Jahren
Freitag 20.00 Uhr C.A.J. f. Mädchen von 16 - 18 Jahren

Beichtgelegenheit ist jeweils samstags von 17.00 - 19.00 Uhr und nach 20.00 Uhr
Bei Kinderbeichte von 16.00 Uhr ab.
jeweils dienstags und freitags 16.00 Uhr Kommunionunterricht der Erstkommunikanten.

# VERBANDS - und VEREINSMITTEILUNGEN

## Die CDU hilft kostenlos

bei Ihrem Antrag auf Lohnsteuerrückerstattung.
Jährlich werden aus Unkenntnis und Bequemlichkeit Millionen Beträge dem Staat überlassen, die beim Lohnsteuerarbzug zuviel abgeführt worden sind. Die Antragsfrist läuft in diesem Jahr bis zum 30. April.
Kommen Sie mit Ihrer Lohnsteuerkarte 1967 zu unseren Sachbearbeitern und lassen Sie sich Ihren Antrag vorbereiten. Alle diejenigen, wo die Ehefrau beispielsweise halbtagsweise oder nur vorübergehend tätig war, die nicht das ganze Jahr über ständig gearbeitet haben oder die im Laufe des Jahres 1967 durch Heirat, Geburt eines Kindes oder auch durch Lohnerhöhung Rückerstattungsansprüche zu stellen haben, sollten unsere Hilfe hierzu annehmen! Wenden Sie sich vertrauensvoll an unsere Mitarbeiter:

Bürgermeister Persch
Bernhard Wagner
Georg Löw junior

CDU - Ortsversband
Lindenholzhausen

## DRK

Liebe Mitbürgerinnen und Mitbürger!
Das DRK führt am 28.2.68 in der Aula der neuen Volksschule den 9. öffentlichen Blutspendetermin in Lindenholzhausen durch. In den vorhergehenden Terminen hatten wir rund 850 freiwillige Spender. Eine ganz stattliche Zahl. Bedenkt man aber, daß pro Woche in Hessen rund 1700 Blutkonserven gebraucht werden, außerdem für Katastrophen Blutplasma vorhanden sein muß, so reicht die Zahl der Spender nicht aus.
Wir bitten also die Einwohner zwischen dem 18. - 60. Lebensjahr sich an dem Blutspendetermin zu beteiligen.
Außerdem würden wir uns freuen, dem 1.000 Spender ein Präsent überreichen zu dürfen. Wir hoffen, daß wir viele Spender begrüßen dürfen. Bedenkt doch bitte, daß Ihr oder einer unserer Mitbürger in die Lage käme, der dringend eine Bluttransfussion braucht, aber keine vorhanden ist; so könnt Ihr durch Eure Spende manches Leben retten.
Jeder Spender bekommt einen Unfall-Hilfe-und Blutspenderpaß kostenlos. Alle Spender werden zuvor von einem Arzt untersucht. Die Spende selbst ist völlig schmerzlos. Die Entnehmestelle wird vorher örtlich betäubt.
Jeder kann also zu einem vollen Erfolg beitragen.

gez. Der Vorstand
i.A. Unterschrift

## Turn- und Sportgemeinde Lindenholzhausen e.V.

Fußball:
Unsere erste Mannschaft trägt am 24. Februar als Nachholspiel das Punktspiel gegen Niederbrechen auf unserem Platz aus. Das Vorspiel in Niederbrechen ging nur knapp mit 2 : 1 verloren. Der Platzvorteil und die heimische Zuschauerkulisse müßte es unseren Spielern gestatten, diesmal den Sieg davon zu tragen.

Zum Preismaskenball der TUS. am Samstagabend laden wir nochmals herzlich ein. Die Preise sind im Rewe-Markt Kunz ausgestellt und dürften es wert sein, daß recht viele Preismasken erscheinen.
Für unsere Kinder findet am Rosenmontag 15.11 Uhr ein großes Kostümfest mit allerhand Überraschungen im Saale der TUS. statt.
Auch die Kleinen wollen unter Jubel, Trubel, Heiterkeit ihre Fastnacht feiern!

Jahresbericht 1967 der Tischtennisabteilung
Die Tischtennisabteilung der Turn- und Sportgemeinde Lindenholzhausen kann mit dem abgelaufenen Jahr recht zufrieden sein. Anfang des Jahres sah es zwar garnicht gut aus, als wir vom endgültigen Weggang unseres Spitzenspielers Friedel Stein hörten. Trotzdem konnten wir uns von der unteren Tabellenhälfte noch an die Spitzengruppe heranspielen. Auch die zweite Mannschaft errang einen vielbeachteten Mittelplatz.
In der neuen Spielsaison sieht es noch besser aus. Die erste Mannschaft liegt mit 2 Minuspunkten hinter Dorchheim auf Platz zwei und die zweite Mannschaft hält wiederum einen guten Mittelplatz. Obwohl die 2. Mannschaft im ersten Meisterschaftsjahr mehr oder weniger ein Punktelieferant war, hat sie sich jetzt zu einer guten und sportlichen Mannschaft entwickelt, die augenblicklich jede andere Mannschaft ihrer Gruppe besiegen kann. Die erste Mannschaft, die mit 18 : 2 Punkten hinter Dorchheim an zweiter Stelle liegt, kann man nur loben, wenn man bedenkt, daß wir nun schon seit zehn Jahren fast mit der gleichen Mannschaft spielen.
Außer an den Meisterschaftsspielen nahmen wir noch an mehreren Turnieren teil und spielten die Vereinsmeister heraus.
An den Kreismeisterschaftsspielen konnten Guido Neunzerling den 3. Platz im Einzel und im Doppel gewinnen. Mit dem Titel des Vereinsmeisters schmückte sich Josef Klenovsky.

Eine weitere Freude sind die ständig zu uns stoßenden Neuzugänge. Sie geben uns ein gutes Zeugnis von der Beliebtheit des Tischtennissports. Wenn wir dabei noch feststellen können, daß gerade die Jugend es ist, die unsere Sportart liebt und sich aktiv anmeldet, macht uns das besonders glücklich.
Wir hatten uns vor einem Jahr noch gefreut, daß wir ungehindert in der alten Schule trainieren konnten, jetzt muß man aber zum Bedauern feststellen, daß sie doch zu klein ist und unserer Wettspielordnung nicht entspricht. Daher sollte überlegt werden, ob nicht die Turnhalle der neuen Volksschule bereitgestellt werden kann, um die Raumfrage dringend zu lösen.

## Verschönerungsverein e.V.

Zu der NON STOP SHOW am Rosenmontag in "Fuchse Saal beim Kirchenchor" sind, wie in den vergangenen Jahren, auch diesmal die Mitglieder des Verschönerungsvereins recht herzlich eingeladen.
Mit Jubel, Trubel, Heiterkeit wartet der einzige Rosenmontag im ganzen Jahr 1968 darauf, daß die gute Laune die höchsten Wellen schlägt. Die Robbys werden das Trommel- und die bekannten Humoristen das Zwerchfell erschüttern. Bei Georg Stein, Kirchstraße 16 sind Karten im Vorverkauf erhältlich.

Helau - Helau

## Freiwillige Feuerwehr Lindenholzhausen

Die freiw. Feuerwehr hält auch in diesem Jahr am Fastnacht-Dienstag im Saal ihren "Lumpenball".
Beginn 20.11. Eintritt 2,-- DM, Masken 1,-- DM
Alle närrischen Mitbürger sind herzlich eingeladen.

## MGV "Harmonie"

Bereits zur Tradition geworden, veranstaltet die "Harmonie" am Freitag, den 23.2.68 im Vereinslokal Paul Simonis eine Vereinsinterne Fastnachtfeier.
Ausschließlich neue Vorträge kommen zu Gehör. Mit vielen kleinen Überraschungen wird aufgewartet werden.

Alle Vereinsmitglieder und Familienangehörige werden zu dieser gemütlichen Veranstaltung auf das herzlichste eingeladen.
Küche und Keller des Vereinswirtes sind gefüllt, also strömt herbei.

Helau
gez. Maxeiner (Schriftführer)

# AUS DER CHRONIK

von Bürgermeister Georg Rompel überarbeitet von Dr. Egon Eichorny

Unsere Gemarkung
Sie besteht z. Zt. aus:

| | |
|---|---|
| 1. Ackerland in ungefährer Ausdehnung von | 645 ha |
| 2. Wiesen " " " " | 45 ha |
| 3. Gärten " " " " | 10 ha |
| 4. Wald " " " " | 55 ha |
| 5. Wege u. Sraßen " " " | 52 ha |
| 6. Haus u. Hofstellen " " | 17 ha |
| 7. Öd- und Unland " " " | 6 ha |
| 8. Wasserläufe " " " | 2 ha |
| Zusammen | 832 ha |

e Gemarkung besteht aus der eigentlichen Urgemarkung und den durch die eingegangenen Dörfer Rübsangen und Vele hinzugekommenen Gemarkungen. Die Gemarkung Rübsangen war vorwiegend "Heuern", "Grüner Weg" und "links dem Dietkircher Weg". Die Gemarkung von Vele war besonders das "Hochfeld", die "Veler Wiesen" und die "Veler Gärten".
In den hinzugekommenen Gemarkungen befinden sich auch noch viele auswärtige Besitzer. In der Rübsanger Gemarkung solche von Ennerich, Runkel, Villmar und Niederbrechen. Dasselbe findet man auch in der Gemarkung Bergen, das 1490 eingegangen ist. In dieser Gemarkung sind neben den Eigentümern aus Niederbrechen solche aus Nauheim, Mensfelden und besonders viele aus Lindenholzhausen. Unsere eigene Urgemarkung weist auswärtige Besitzer nicht auf, mit Ausnahme einiger Einwohner von Linter, die in armer Zeit von hiesigen Besitzern Grundstücke, besonders Wiesen kauften. In der Zeit um 1880 - 1900 wollte jeder tüchtige Landwirt in Linter, Wiesen in Lindenholzhausen besitzen. Nachdem nun in neuerer Zeit mehr Futteranbau betrieben wird und das Heu- und Grummetmachen wegen der weiten Entfernung sehr schwierig wurde, sind diese Wiesen fast alle wieder an hiesige Landwirte zurückgegangen.
Unsere Gemarkung grenzt im Westen an Lintern und Eschhofen, im Norden an Eschhofen, Ennerich und Runkel, im Osten an Runkel, Villmar und Niederbrechen und im Süden an Niederbrechen und einem Teil von Mensfelden.

Feld: Bis zur Gemarkungskonsolition wurde die Gemarkung als Dreifelderwirtschaft bebaut mit Ausnahme des Hochfeldes, das von altersher nur Zweifelderwirtschaft hatte.
Die drei Felder waren:

1. das Rübsanger Feld, mit den Fluren die "Heuern" des ganzen "Scheiderfeldes" und einer Gewann vom "Oberfeld, "links dem Kirchweg" und "Dietkircher Weg". Diesen Teil des "Oberfeldes" nannte man das "Rübsanger Oberfeld".
2. Das "Steinkreuzer Feld" links der Frankfurter Straße bis an "die Heide" und "das Lehn", sowie bis an "die Krauterhecke" und das "Eschhöfer Feld" und 1 bis 2 Gewanne rechts der Straße.
   Scheinbar hat früher links der Straße ein steinernes Kreuz gestanden.
3. Das "Sauerbornsfeld" was das "Kleinfeld", "Niederflecken", "hinter dem Sauerbornswald" bis "in die Ampel" sowie das Feld hinter dem Lehn und das hintere Oberfeld.
4. Das "Hochfeld" war in zwei Teile, "das Große und das Kleine Hochfeld" geteilt. Das "Große Hochfeld" lag auf der linken Seite gegen Ennericher und Runkeler Gemarkung, und das "Kleine Hochfeld" auf der rechten Seite zur Niederbrecher Gemarkung.

Früher blieb ein Hochfeld immer ganz geschlossen als Brachland liegen, wurde dann gut bearbeitet und zur Roggensaat für den kommenden Herbst vorbereitet und dann ohne jegliche Düngung mit Roggen bestellt, so daß man auf dem Hochfeld jedes Jahr nur ein Feld mit Roggen, das aber eine sehr gute Ernte lieferte, erntete. Erst vor 60 Jahren hat man angefangen das Brachland mit Klee, Kartoffeln, Hafer und dergleichen zu bestellen. Jetzt wird das ganze Brachfeld, das früher in den Jahren der Brache als Schafsweide diente, schon seit 40 Jahren fast ausnahmslos mit verschiedenen Früchten bestellt.
In der Konsolidation wurde der neue Hochfeldsweg angelegt, der vom Wald an in gerader Linie bis zum Runkeler Weg führt und auch beide Felder (wie seither) von einander trennen soll. Man hat beabsichtigt, die Felder wie seither zu trennen und das eine geschlossen mit Winterfrucht und das andere gemischt mit Sommerfrucht und Kartoffeln u. dergleichen zu bestellen.
Im allgemeinen ist das Hochfeld gut, bringt gute Ernten und ist, seitdem die "Alte Hohl" in 1918/19 verschwunden ist und ein neuer Weg durch die Konsolidation gebaut wurde, mit Dung gut erreichbar und auch die Ernte gut einzufahren.
Die schwierigen Wegverhältnisse, von denen man heute nichts mehr weiß, machten früher eine gründliche Ausnützung dieses Feldes unmöglich. Zwischen dem "Steinkreuzerfeld" und "Hinter dem Lehn" lag das Gemeindegelände ( - Allmende), die "Heide" und "das Lehn" genannt. Das letztere stammt aus dem im Jahre 1848 ausgerodeten Walddistrikt die "Lehnhecke" genannt.

Durch die Gemeindekonsolidation ist dieses Gelände umgelegt und zum Teil der Domäne zugeteilt worden. Das gesamte Domänengelände betrug in der Gemarkung ungefähr 250 Morgen und stammte restlos von den in 1803 eingezogenen Klostergütern.
Als frühere Besitzer kamen in Frage Kloster Arnstein mit 70 - 80 Morgen, das 6 Höfe mit je 1/6 und 1/6 mit 2 Pächtern, alos zusammen an 12 Pächter verpachtet war.

(wird fortgesetzt)

# FÜR SIE NOTIERT

## Das Salz des Streugutes

nagt besonders an der Unterseite Ihres Fahrzeuges und an den Chromteilen. Etwas zu ihrem Schutz zu tun, gehört auch zu Winterpflege des Autos. Diese Arbeit dient nicht nur dem äußerlichen Glanz, sie ist auch werterhaltend.

--- ------------

## Nebel

ist ein gefährlicher Feind der Kraftfahrer. Plötzlich ist er da und nimmt die Sicht. Da heißt es geduldig sein und die Geschwindigkeit der Sichtweite anzupassen. Denken Sie bitte daran, wie wichtig es ist, zu sehen und gesehen zu werden. Schalten Sie daher bitte schon bei geringen Sichtbehinderungen die Beleuchtung ein . Sind Sie öfters unterwegs, lohnt es sich, Nebelscheinwerfer und -schlußleuchten zu beschaffen.

--------------------

### Der echte Gentleman

Ein reicher amerikanischer Schiffseigner am Mississippi hatte einen englischen Diener eingestellt, um seinem neuen Haus einen besonders vornehmen Anstrich zu geben. Als eines Tages der Fluß Hochwasser führte und auch das Haus des Schiffseigners bedrohte, geland es dem Diener, die Wohnhalle, in der die Familie sich aufhielt, noch vor den Wogen des eindringenden Wassers zu erreichen. Ruhig öffnete er die Türe, verbeugte sich steif und meldete seinem Herrn: „Der Mississippi, Sir!"




Die PRIMAT–NACHRICHTEN erscheinen wöchentlich. Bezug: Nur an Abonnenten. Anzeigenpreisliste Nr. 2 vom 1.1.1964. HERAUSGEBER und CHEFREDAKTEUR: Hans Schmid. VERLAGSLEITUNG: Christa Frisch. CHEF vom DIENST und PRODUKTIONSLEITUNG: Volker Doss. ANZEIGENLEITUNG: Werner Kuhn. DRUKKEREI und VERSANDLEITUNG: Robert Loth. WERBE– und VERTRIEBSLEITUNG: Simon Frankenberger.
DRUCK und VERLAG: PRIMAT–VERLAG HANS SCHMID, 6689 Merchweiler/Saar, Primat - Haus, Tel. 06825/5021, Telex 04 44826, 6236 Eschborn/Ts, Schwalbacherstr. Tel. 06 196/41004, Telex 04 14396
Mitglied des Bundesverbandes Deutscher Verleger für Gemeinde-Mitteilungs- und Ortsnachrichtenblätter e. V.

# Unser Nassauer Land

BEILAGE DES „NASSAUER BOTE" FÜR HEIMATFREUNDE

3. Jahrgang 5. Februar 1955 Nr. 2

# Holzhusen bei den Linden

## Eine Studie über ein altes Dorf - Von Ferdinand Becker

**Warum ein Ort „Lindenholzhausen" heißt, darüber ist der Chronist versucht, nachzusinnen. Die Linde muß in einer nahen Beziehung zum Dorfe „Holzhusen" gestanden haben. Blättern wir in alten Volksliedern und Legenden, so begegnet man sehr häufig einem Lieblingsbaum im Volks- und Dorfleben, der Linde. Wie oft ist von ihr die Rede! Wie oft wird sie besungen, wenn sie blüht und ihre süßen Düfte in die Lande trägt!**

Lindenholzhausen, früher „Holzhusen", wird erstmalig 772 in den Annalen des Klosters Lorsch erwähnt. Woher die eigentliche Bezeichnung „Holzhusen" kommt, ist unbekannt. Oft nannte man früher Ortschaften nach einem herrschaftlichen Geschlechte. Lindenholzhausen dagegen läßt keine Aufschlüsse zu. Es mag als eine primitive Auslegung gelten, wenn man „Holzhusen" von im Holze wohnen herleitet.

Mit dem Einbruch der römischen Legionen in den unteren Lahngau verchristlichte sich langsam das Leben. Zwei Gottesstreiter wirkten auch in unserem Gebiete. Es waren dies der hl. Rupertus und der hl. Lubentius. Beide haben sich bis in die Gegenwart ein Angedenken in der Geschichte des Dorfes bewahrt. Ein Ortsteil heißt heute noch „Rupertseck". Wahrscheinlich hat auch das früher untergegangene Dorf Rübsangen „Rupertsangen" geheißen, das eine blühende Rapsbaukultur hatte. Ferner kennen wir den „Lubentiusbrunnen", der in der Gemeinde liegt und auch „Sauerborn" genannt wird. Im Jahre 1913 fand man bei Grabungen unmittelbar am „Sauerbrunnen" Höhlen, die alle möglichen Geräte aus Tierknochen enthielten. Die Höhlen lagen am Hang, der Sonne zu. Untersuchungen ergaben, daß diese Knochen von Bison und Wildesel stammten. Diese Funde bestätigen die Anschauung des Chronisten, daß in der Nähe des „Brunnens" eine germanische Siedlung gelegen hat.

Zu dieser Zeit mußte das Dorf „Holzhusen" schon von Bedeutung gewesen sein, zumal es unmittelbar an der alten Frankfurter Handelsstraße lag. Die heute noch feststellbaren Ringe an alten Scheunen und Gebäuden lassen darauf schließen, daß Reisende diesen Ort gerne als Rastplatz benutzten. Diese Vermutung wird bekräftigt durch die großen früheren Fuhrställe der Familien Barth, Simonis usw.

Politisch gehörte das Dorf ursprünglich zum Unterlahngau, kam aber danach zur Grafschaft Diez. Als 1388 das Diezer Geschlecht ausstarb, fiel der ganze Besitz an den Grafen Adolf von Nassau-Dillenburg. Da dieser ebenfalls nur eine Tochter hinterließ, die mit Gottfried VIII. von Eppstein verheiratet war, ging nach dessen Tod der Streit an. Der Trierer Bischof vermittelte und teilte die Diezer Lande auf unter Gottfried von Eppstein und Engelbert von Nassau-Dillenburg. Sie waren beide mit der Handlung des Bischofs zufrieden und erkannten ihn als ihren Lehnsherrn an. Über Katzenelnbogen ging des Eppsteiners Hälfte nach dem Aussterben der Katzenelnbogener Grafen 1479 an Hessen, um nach dem Erbfolgestreit, der nahezu 80 Jahre dauerte, an Wilhelm den Reichen von Nassau-Dillenburg zu fallen. Die nicht an Katzenelnbogen verkaufte Hälfte, zu der auch Lindenholzhausen gehörte, fiel 1522 an Eberhardt IV. von Königstein, der sie 1530 an Nassau-Dillenburg verkaufte. Da griff der Erzbischof von Trier ein und erklärte den Königstein'schen Anteil als verfallenes Lehen. Durch den Diezer Vertrag endete der lange Streit. 1564 fielen die ehemaligen Diezer Kirchspiele Hundsangen, Nentershausen, Salz, Meudt und Lindenholzhausen, sowie das Stift und Dorf Dietkirchen an Trier. Daher blieb auch Lindenholzhausen katholisch. Es war bis 1801 kurtrierischer Besitz, fiel danach an Nassau-Weilburg. Durch Napoleon wurden die geistlichen Fürstentümer aufgelöst. Es kam dann bis 1866 zum Herzogtum Nassau und von da zu Preußen.

In den vergangenen Jahrhunderten war viel Leid über die Lande gegangen. Auch Lindenholzhausen wurde nicht davon verschont. Die Pest wütete überall und forderte ihre Opfer. Die untergegangenen Dörfer Vehlen, Rübsangen und Bergen zeugen von der furchtbaren Zeit. Überdies brach 1801 ein gewaltiger Brand aus, der sich schnell verbreitete und 65 Häuser nebst den Scheunen und Stallungen in Schutt und Asche legte. Die ganze Ernte — man schrieb den 11. August — ging zugrunde. Viele bettelten in den Nachbarorten, um wieder ein dürftiges Zuhause zu finden.

Trotz der schlimmen Zeit war der Geist der schwergeprüften Bevölkerung nicht gebrochen. Man war zäh von Natur. Ein neuer Wille blühte auf, brachte schönste Früchte. Lindenholzhausen entwickelte schon früh eine Intelligenzschicht. Auswärtige bezeichneten es schon damals mit Recht als das „hohe" Dorf. Diese Schicht offenbarte alle Berufsrichtungen. Aus Lindenholzhausen stammen neben einer Reihe von Geistlichen und Lehrern auch die musikalischen Familien Dernbach und Hilge-Röther. Josef Dernbach dirigierte eine Kapelle, die mit einem Zirkus weite Reisen in Europa und bis nach Kairo unternahm. In diesem Zirkus trat auch der musikalische Clown Wilhelm Hilge auf, der besonders durch sein Spiel auf dem Kornet a piston großen Beifall fand. Auf seinen Reisen vergaß er, sich zur Ableistung seiner Militärpflicht zu stellen. Deshalb wurde er bei seinem nächsten Besuche in der Heimat als unsicherer Heerpflichtiger eingezogen und nach Mainz gebracht. Dort wurde er nach einigen Jahren zum Stabstrompeter und später zum Kapellmeister des hessischen Garderegiments Nr. 115 in Darmstadt ernannt. Durch seine Kunst wurde er der Liebling des Großherzogs und durfte seiner aus zwanzig Mann bestehenden Kapelle Konzertreisen machen. Auf diesen kam er auch nach London, spielte vor dem königlichen Hofe und erhielt ein silbernes Kornet a piston. Auch andere hervorragende Künstler aus den Familien Dernbach, Diefenbach usw. machten von sich reden. Heute noch macht sich der musikalische Sinn Lindenholzhausens bemerkbar.

Ein Sproß aus der Familie Dernbach, der verstorbene Altmeister Ferdinand Dernbach, gründete 1906 mit seinem Jugendfreund Martin Becker und einigen Befreundeten die „Harmonie". Ein weiterer Bruderchor wurde von Dernbach betreut. Später trat noch ein Gemischter Chor hinzu, welcher als Kirchenchor fungiert. Die künstlerische Linie wird gegenwärtig durch drei Begabungen Lindenholzhausens fortgeführt. Hier sind zu nennen, der Sohn des verstorbenen Altmeisters Ferdinand Dernbach, Ferdinand Dernbach jr. (Musiker und Dirigent). Dernbach jr. war ein Schüler von Professor Thomas, Berlin. Ihm folgen die beiden jüngsten Talente unseres Dorfes, eine Sänger- und Dirigentenbegabung, Paul Otto, Sohn des verstorbenen Rektors Rudolf Otto. Den Abschluß möge der Lyriker und Erzähler Rudolf Becker bilden, dessen ersten Gedichte bald herauskommen werden.

# Leutnant Schuster als eigener Kriegsherr

## Ein Räuberleben zwischen Nister und Lahn

Im Regiment Kurköln, das der gefürchtete Oberst Grimberger vor mehr als 300 Jahren lieber gegen die Bewohner des Westerwaldes als gegen die gefährlichen Schweden führt, lernt der junge Leutnant Schuster fleißig sein Handwerk und stellt auf manchem Streifzug gegen die widerspenstigen Bauern rechtschaffen seinen Mann. Dabei kommen ihm jedoch bald Bedenken, ob er seine Gaben auch zweckmäßig anwende, und an einem heißen Julitag des Jahres 1635 schüttelt er in tiefem Nachsinnen über seine Zukunft gedankenvoll das kluge Haupt. Weshalb soll er eigentlich für die paar Gulden noch länger seine wertvolle Haut zu Markte tragen und dabei dem unersättlichen Vorgesetzten im sicheren Andernach den Löwenanteil der Beute lassen? Am größten ist doch immer der Nutzen, wenn man selbständig, in diesem Falle also sein eigener Kriegsherr, ist. Kurz entschlossen befördert sich deshalb der Herr Leutnant Schuster zu einem Räuberhauptmann mit dem Namen Etzkorn und wählt das vertraute Gelände des Westerwaldes zum Schauplatz seiner weiteren Taten.

Eine bewaffnete Macht für diesen Zweck ist damals schnell gebildet. Hier ist ein Musketier, der den gleichen Gedanken und nur weniger Befehlsgabe hat. Dort schielt ein Troßknecht ängstlich rückwärts nach dem Strick des Kriegsgerichtes, und auf allen Wegen findet man genug ausgeplünderte Leute, die gern einmal den Spieß umdrehen wollen. Rasch hat sich der neue Feldherr ein paar Dutzend von diesen wilden Gesellen herangeholt, schlägt dann mit sicherem Blick für den Wert der Grenzlage zwischen Nassau-Hadamar und Kurtrier in Molsberg sein Hauptquartier auf, und bald klingt sein Doppelname dem Grafen Johann Ludwig ebenso übel in den Ohren wie den armen Bauern zwischen Nister und Lahn. Mit großem Geschick hält die zügellose Schar in Häusern und Ställen hinter den Truppen des Generals Mansfeld rasche und gründliche Nachlese, aber so glückliche Funde wie anfangs August die 200 Kühe in den Ortschaften um Emmerichenhain sind in dem ausgesogenen Lande doch recht selten geworden.

Aber wenn die Dörfer die Mühe nicht mehr lohnen und im Elbtal auch noch geschickte Abwehrmaßnahmen getroffen werden, so muß man sich eben nach anderen Zielen für die Raubzüge umsehen, und da kommt zunächst die Stadt Diez in Frage, die viel Hab und Gut aus der ganzen Gegend im fragwürdigen Schutz ihrer Mauern geborgen hat. Sofort läßt Etzkorn dem Plan die Vorbereitungen zur Tat folgen, legt seine Genossen hinter dem Gestrüpp des nahen Waldes in einen Hinterhalt und geht selbst im harmlosen Bauernkittel durch das Stadttor, um ein zuverlässiges Bild von den Möglichkeiten eines Überfalls zu gewinnen. Aber sein Gesicht ist bereits allzu vielen Menschen in meist sehr unangenehmer Erinnerung, und so wird der Wolf auch unter dem Schafspelz erkannt und macht bei dem Anblick der bösartigen Foltergeräte kein Hehl mehr aus seinen schlimmen

Fortsetzung Seite 2

## Hinweisschilder historische Gebäude

Im Rahmen der 1250-Jahrfeier wurde vom Ausschuss für Ortsgeschichte des Naturschutz- und Verschönerungsverein Lindenholzhausen e. V. insgesamt 16 Hinweistafeln für historische Gebäude in Lindenholzhausen anhand von Aufzeichnungen im Buch „Lindenholzhausen“ (Eichhorn, Egon u. Hellmuth Gensicke; Josef J. G. Jung u. a.) und weiterer Informationen erstellt.

Diese nachfolgend abgebildeten Tafeln wurden an den entsprechenden Gebäuden bzw. Stellen angebracht. Sie sollen die Historie aufzeigen, damit diese für nachfolgende Generationen sichtbar bleibt und nicht in Vergessenheit gerät.

## Alte Pfarrkirche „St. Jakobus" (Kirchstraße 12)

- Ein um 1150 errichteter und 1235 urkundlich erwähnter **romanischer Vorgängerbau** verfügte über einen massiven **Wehrturm** sowie ein einschiffiges **Langhaus** und wurde von einem **Friedhof** samt Einfriedung umgeben.
- Der Neubau des Langhauses (in seiner heutigen Form) erfolgte **1698**. Er wurde zwischen **1700 und 1740** mit einer hochwertigen **Barockausstattung** der „Hadamarer Schule" (Hoch- und Seitenaltäre sowie Kanzelkorb) versehen. Diese Innenausstattung wurde **1979** in den Neubau der Kirche „Am Wingert" übernommen. **1725** erfolgte die Erhebung zu einer eigenständigen **Pfarrkirche**.
- Durch den örtlichen **Großbrand 1801** wurden die **Dächer** schwer in Mitleidenschaft gezogen, auch die **Glocken** gingen verloren.
- Wesentliche bauliche **Erweiterungen** – die **Sakristei**, der neue **Glockenturm** und die **Querhäuser** – erfolgten zwischen **1891 und 1927** und vollendeten den kreuzförmigen Grundriss. Erhebliche Bau- und Sanierungsnotwendigkeiten führten schließlich zu der Entscheidung, von **1975 bis 1979** eine **neue Pfarrkirche** zu errichten.
- Der **Glockenturm** ist Eigentum der örtlichen Kirchengemeinde und wird als solcher benutzt – der **Innenraum**, der **1948** eine aufwändige **Ausmalung** erhielt, dient als Magazin für sakrale Gegenstände.
- Die alte Pfarrkirche „St. Jakobus" war bis **1979** das Gotteshaus unserer Gemeinde.

## Alte Schule (Schulstraße 18)

◆ Der graugrüne **Bruchsteinbau** wurde **1871** nach zweijähriger Bauzeit seiner Bestimmung übergeben. Er ersetzte fortan den Schulbetrieb in der Wendelinusstraße 1.

- Trotz baulicher **Erweiterungen** (1907 und 1950) und der Errichtung von **Lehrerwohnungen** sowie Räumlichkeiten für die örtliche **Feuerwehr** (1954), gelangte der Bau an seine **Kapazitätsgrenze** und konnte den Anforderungen an einen modernen Schulbetrieb nicht mehr gerecht werden. Die Gemeinde **beschloss 1962** die Errichtung eines **Neubaus**, der 1966 am heutigen Standort (Am Wingert 3) als **„Lindenschule Lindenholzhausen"** bezogen werden konnte.
- Zwischen 1966 und 1983 nutzten einige **Ortsvereine** vorübergehend den freigewordenen Altbau. So beherbergte er zeitweise die populären **Jugendclubs** der beiden Gesangvereine („Cäcilia" bzw. „Harmonie" Lindenholzhausen) sowie den 1969 gegründeten Schützenverein.
- Nach dem Abriss des Schulhauses (1984) entstand an dieser Stelle das neue **Feuerwehrhaus**, das 1985 in Betrieb genommen werden konnte.

## Altes Rat- und Gemeindehaus (Wendelinusstraße 1)

- Ein **1725** als **Back- und Schulhaus** errichteter Vorgängerbau brannte **1801** nieder und wurde im Folgejahr durch ein doppelstöckiges Schulgebäude ersetzt. Der Schulbetrieb wurde **1871** in den **Neubau** in der Schulstraße verlegt.
- Zwischen 1871 und 1965 (1924/25 um eine Etage für die Wohnnutzung aufgestockt) diente es als örtliche **Bürgermeisterei** und als **Rathaus** der Gemeinde.
- Nach dem **Umzug** der örtlichen Verwaltung (1965) in ein neues Funktionsgebäude (Kirchfelder Straße 21) erfolgte 1970 der **Abbruch** des baufälligen Hauses. An seiner Stelle entstand ein **Dorfplatz** mit Brunnen.

## „Arche“ – Stephans Haus (Wendelinusstraße 24)

- Das ab **1725** errichtete Ensemble wurde 1794 als Eigentum des Gastwirts und Feldschers (Wundarzt) Johann Jakob Simonis urkundlich erwähnt. Ortsbildprägend ist insbesondere sein **Mansarddach**, welches das Haus an ein Schiff erinnern lässt.

- Es diente als **Gast- und Rasthaus** an der **„Cölnischen Hohen Heer- und Geleitstraße“** (von Frankfurt über Limburg nach Köln – heutige B 8) und sicherte seinen Betreibern ein gutes Auskommen. Auch der bekannte Räuber **„Schinderhannes“** (bürgerlich Johannes Bückler, 1779 bis 1803) soll in die „Arche“ eingekehrt sein.

- Nachdem der Eigentümer 1836 in die USA ausgewandert war, gelangte das Haus in das Eigentum des Paulinus Simonis (**„Pauls“**, 1794 bis 1867).

- Die zu dem Anwesen gehörenden Fuhrställe fielen nach **1890** einem Brand zum Opfer. Teile des später an der Frankfurter Straße 24 erbauten **Gasthauses** („Pauls“) gehörten baulich ursprünglich ebenfalls zur **„Arche“**.

## *Bischofshaus (befindet sich in der Kircheck – Kirchstraße 4)*

- In diesem Haus wurde **1873 Antonius Hilfrich** als fünftes von 12 Kindern einer Bauernfamilie geboren. In Rom empfing er **1898** nach dem Studium der Philosophie und Theologie seine **Priesterweihe**.

- Nach Stationen als Pfarrer und Regens wurde er **1927** Stadtpfarrer in Wiesbaden. **1930** zum **Koadjutor** (Vikar) ernannt, wurde er im gleichen Jahr **Diözesanbischof des Bistums Limburg**.
- Nach 1933 mit dem **nationalsozialistischen Regime** konfrontiert, versuchte er, das katholische Leben vor den Einflüssen jener Zeit abzugrenzen und bestehende Strukturen (besonders der Jugendarbeit und des Schulwesens) zu bewahren.
- Historisch bedeutend ist sein **Brief** vom **13. August 1941** an das Reichsjustizministerium als deutlicher **Protest** gegen den **Krankenmord** an psychisch kranken Menschen („Euthanasie") im nahegelegenen **Hadamar**.
- Hilfrich starb **1947** in Limburg und ist im dortigen Dom beigesetzt.

## Brandkatastrophe (ehemaliges Gehöft befand sich in der Kircheck)

- Im Gehöft Kirchstraße 4 brach am **11. August 1801** zur Mittagszeit ein **verheerendes Feuer** aus, das binnen kurzer Zeit um sich griff, mit den Mitteln jener Zeit nicht gelöscht werden konnte und schließlich **weite Teile** des historischen Ortskerns **vernichtete**.
- Der Großbrand zerstörte **63** von insgesamt **116 Wohnhäusern**. Damit wurden rund zwei Drittel der Bewohner obdach- und mittellos.
- Erhebliche **Brandschäden** erlitten auch die **Pfarrkirche „St. Jakobus"** (Verlust sämtlicher Glocken und der Dachflächen), das örtliche **Gerichtsgebäude** (Kirchfelder Straße 13) und das **Schulhaus** (Wendelinusstraße 1).
- Zudem brannten **44 Scheunen** (samt der dazugehörigen Stallungen mit dem Viehbestand) ab – außerdem wurde nahezu die gesamte Sommerernte vernichtet.
- Das vorher so schöne Dorf geriet in Armut und großes Elend. Die verheerenden Folgen der Brandkatastrophe konnten erst nach einigen Jahren überwunden werden.

# Gasthaus „Zur Goldenen Krone“ – Haus Simonis (Frankfurter Straße 24)

- Auf dem ursprünglich zur „**Arche**“ gehörenden Grundstück baute Paulinus Simonis (1794 bis 1867) **1845** ein **zweistöckiges Wohnhaus** mit dem **Gasthaus „Zur Goldenen Krone“** im Erdgeschoss, dem 1861 eine Scheune hinzugefügt wurde.
- Zwischen **1855 und 1978** wurde das Gasthaus von insgesamt fünf Generationen der **Familie Simonis** geführt.
- **1892** fand hier die Gründung eines neuen Gesangvereins „**Frohsinn**“ statt, der es bis zur Vereinsauflösung **1897** als Vereinslokal nutzte.
- **1906** wurde hier die **Gründungsversammlung** des MGV „**Harmonie**“ **Lindenholzhausen** abgehalten. Der Saal im ersten Stock diente dem Chor fortan bis 1979 als Vereinslokal.
- 1978 in der sechsten Generation von Ursula Brahm (geb. Simonis) übernommen, konnte 1986 die **hundertjährige Geschäftsbeziehung** mit der Limburger Brauerei Busch gefeiert werden.

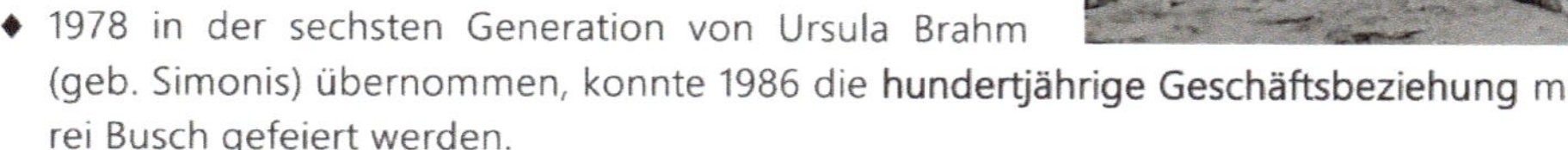

- Seit **2013** wird das Gasthaus als **chinesisches Speiselokal** betrieben.

# Gaststätte „Zum grünen Kranze" („Franze") (Kirchfelder Str. 9)

- Die ursprüngliche Bebauung (Haus, Scheune und Stallungen) fiel **1801** dem großen **Ortsbrand** zum Opfer. In den Neubau wurden nach **1809** eine **Gastwirtschaft** und eine **Krämerei** eingefügt, zusätzlich entstand ein **Saalbau**. Der ortsbekannte Name **„Franze"** kann auf die Ehefrau des Eigentümers Johann Jung-Diefenbach zurückgeführt werden.

- Der wohl **1844** gegründete erste Gesangverein von **Lindenholzhausen** mit dem Namen **„Liederkranz"** nutzte das Gasthaus als Probenlokal und schaffte **1872** seine Vereinsfahne (grüner Kranz auf gelber Seide) an. Von **1901 bis 1978** diente der Saalbau als Vereinslokal des **Männerchors „Cäcilia" Lindenholzhausen** sowie als Kinosaal für Filmvorführungen.

- **1962** erwarb die **Turn- und Sportgemeinde Lindenholzhausen** das Ensemble und benannte es in **„Sportklause"** um. Ein Feuer vernichtete **1978** den Saalbau, an seiner Stelle errichtete man einen Anbau.

- Ab **1998** wieder in privater Hand, wird das Haus gastgewerblich betrieben.

## *Historisches Pfarrhaus (Kirchstraße 13)*

◆ Der um **1670** vom Kirchspiel- und Oberschultheißen Johannes Dornuff (1645 bis 1729) und seiner Ehefrau Anna Barbara (geb. Kropp) als **zweigeschossiges Hofreitenhaus** errichtete Bau beinhaltet die beiden historischen barocken **Fenster** mit der **Fensterbrüstung** und den **Hausmarken** (Wappen der Familien Dornuff und Kropp).

◆ Der Nachkomme der Erbauer tauschte **1748** das Haus mit der Kirchengemeinde gegen das bis dahin genutzte ältere Pfarrhaus (Ecke Fallborn- und Kirchstraße), weswegen es ab **1749** als neues **Pfarrhaus** diente.

◆ Dach und Stallungen mussten nach dem großen **Dorfbrand 1801** erneuert werden und wurden **1923** durch einen **Anbau** mit verschiefertem Wellengiebel ersetzt.

◆ Nach dem **Umzug des Pfarrhauses** neben die neue Kirche (Am Wingert 4) ging das historische Pfarrhaus **1979** nach 230 Jahren wieder in privates Eigentum über.

## Lindenmühle

♦ Bereits im Jahr **1326** erstmals urkundlich erwähnt, wurden **1344** Heinrich und Gela von Holzhausen als Eigentümer genannt. Das notwendige **Mühlenwehr** besteht mindestens seit **1380**, der Mühlgraben wurde **1697** als **Wassergraben** bezeichnet.

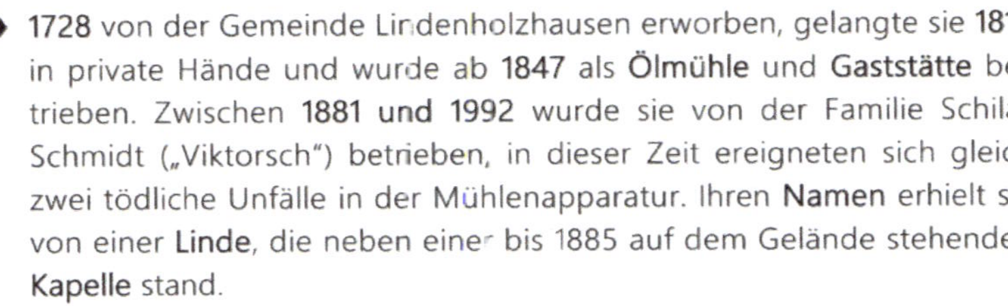

♦ **1728** von der Gemeinde Lindenholzhausen erworben, gelangte sie **1816** in private Hände und wurde ab **1847** als **Ölmühle** und **Gaststätte** betrieben. Zwischen **1881 und 1992** wurde sie von der Familie Schila/ Schmidt („Viktorsch") betrieben, in dieser Zeit ereigneten sich gleich zwei tödliche Unfälle in der Mühlenapparatur. Ihren **Namen** erhielt sie von einer **Linde**, die neben einer bis 1885 auf dem Gelände stehenden **Kapelle** stand.

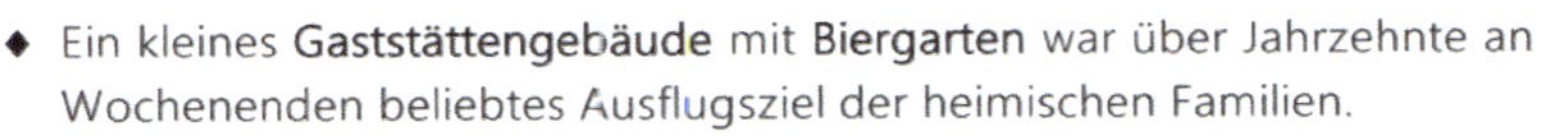

♦ Ein kleines **Gaststättengebäude** mit **Biergarten** war über Jahrzehnte an Wochenenden beliebtes Ausflugsziel der heimischen Familien.

♦ Nach dem Verkauf der Mühle an einen neuen Eigentümer (**1993**) und begonnenen Modernisierungsarbeiten stand sie später – dem Verfall preisgegeben – leer. Ab **2009** wurde sie von einer Eigentümergemeinschaft (Persy/Diehl/Walldorf) übernommen und umfangreich **restauriert**. Seither erfreut sich die Lindenmühle als **Einkehrlokal** insbesondere bei Radfahrern (Raststation am hessischen Radfernweg) wieder einer großen Beliebtheit.

## Lourdes-Grotte

- Die stilisierte Lourdes-Grotte im alten Kirchengarten wurde als Symbol der katholischen **Marienverehrung** zwischen **1904 und 1907** angelegt und ist während der Tätigkeit des Pfarrverwalters Josef Mono (1865 bis 1922) entstanden. Sie enthält eine **Muttergottes-Statue** (als Maria Immaculata) in der typischen Farbgebung (weiß und blau) mit einem Rosenkranz am rechten Arm und lädt zu Einkehr und Gebet ein.
- Die Plastik bezieht sich auf die **Marienerscheinungen** der hl. Bernadette Soubirous im Sommer 1858 im französischen **Lourdes**. Dieser war eine heilkräftige Quelle gezeigt worden.
- Bis heute dient die Grotte der **Marienverehrung** – besonders im Marien-Monat Mai.

## Neue Pfarrkirche „St. Jakobus“ (Am Wingert)

◆ Die dem hl. Jakobus dem Älteren geweihte Pfarrkirche entstand ab **1975** in der Amtszeit von **Pfarrer Willi Siegmund** (1970 bis 2004) und wurde **1979** geweiht.

◆ Der international renommierte Architekt Professor **Dr. Justus Dahinden** (1925 bis 2020), gebürtiger Schweizer und Lehrstuhlinhaber an der Technischen Universität Wien, schuf einen zeltartigen „Gottesberg“ mit einem Kiesdach (das später ersetzt werden musste). Der „Rückzugsraum“ im Kircheninnern und seine Geborgenheit werden durch die „Wollstruktur“ der Wände, die Holzverwendung und besonders die weite Dachschräge, die für natürliches Licht sorgt, betont.

◆ Aus der alten Kirche in der Dorfmitte (Kirchstraße 12) wurde die hochwertige, vollständig erhaltene und eigens restaurierte **Barockausstattung** („Hadamarer Schule“) – bestehend aus dem Hoch-, den Seitenaltären und dem Kanzelkorb – in den modernen Kirchenraum übernommen. Der Hochaltar zeigt Motive der Marienverehrung. Das historische **Taufbecken** (um 1200) stammt aus der früheren Rübsanger Kirche (heutiger Friedhof).

◆ Als **Glockenturm** dient weiterhin der Turm der alten Pfarrkirche.

## *Neues Rathaus (Kirchfelder Straße 21)*

- Die Gemeindeverwaltung bezog **1965** den Neubau, der das baufällig gewordene frühere Rat- und Gemeindehaus (ehem. Wendelinusstraße 1 - „Kreuzgasse") ersetzte.

- Der zeitgenössisch **moderne Zweckbau** wurde **1971** nach der **Eingemeindung** von Lindenholzhausen in die Kreisstadt Limburg als **Verwaltungsstelle** genutzt und ging schließlich **1986** in privates Eigentum über.

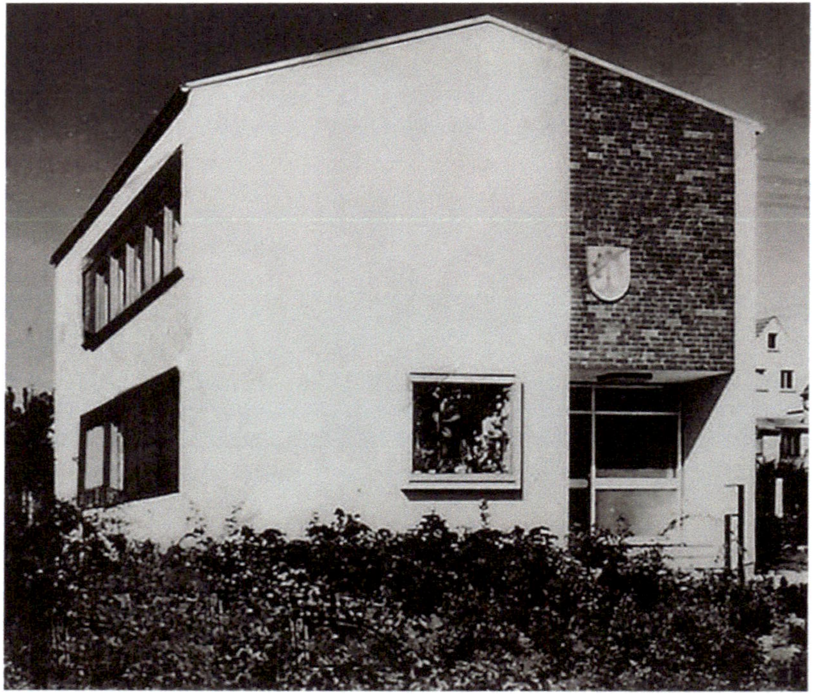

# Rübsanger Kirche („St. Albanus“) und Alte Friedhofskapelle

◆ Bereits während des **Hochmittelalters** (10. bis 13. Jahrhundert) dürfte die **Rübsanger Kapelle** für Lindenholzhausen, Rübsangen und Vele – womöglich gar in der Form einer selbständigen Pfarrei – als gemeinsames **Gotteshaus** gedient haben. Nach der Aufgabe der Siedlungen Rübsangen und Vele (zu Beginn des 14. Jahrhunderts) diente sie für ein Jahrhundert als Kuratkapelle (Seelsorge-Kirche) parallel zum bereits existierenden romanischen Kirchenbau „St. Jakobus“. In Gestalt und Größe soll sie der **Berger Kirche** geglichen haben.

◆ Nach der **1725** erfolgten Gründung der selbständigen Pfarrei **Lindenholzhausen** (mit der 1698 neu errichteten Kirche in der Ortsmitte) büßte die Rübsanger Kapelle an Bedeutung ein. Schließlich wurde sie bis **1807 niedergelegt**, um nach dem verheerenden Großbrand (1801) für die Reparatur von Pfarrkirche und Pfarrhaus Baumaterial zu liefern.

◆ Eine im 17. Jahrhundert westlich der Kirche errichtete **Halle** wurde mehrfach umgestaltet, 1909 abgelegt und im neugotischen Stil als **Kapelle** für Gottesdienste **wiedererrichtet**. Die in den Dachreiter aufgenommene **Glocke** entstammte dem alten Limburger **Domgeläute**. Das Gebäude diente bis zur Errichtung des Neubaus (auf dem neuen Friedhof) als **Friedhofskapelle** und **Aufbahrungsraum**.

## „Schwesternhaus" (Kirchfelder Straße 3)

- Das **1802/03** im Besitz von Wilhelm (*1767) und Anna Maria Will nach dem großen Brand wieder errichtete und als bäuerliche Hofreite genutzte Haus wurde **1907** durch die Eigentümer (Familie Nikolaus Will – „Balthese") der katholischen Pfarrgemeinde **gestiftet** und zur Einrichtung eines Schwesternhauses bestimmt. Ab 1910 führten die Armen **Dienstmägde Jesu Christi** (Dernbacher Schwestern, ADJC) das Haus als Einrichtung für die ambulante Krankenpflege und die Betreuung der Pfarrkirche „St. Jakobus" (Altäre und Sakristei).
- Zwischen 1911 und 1914 baulich erweitert, diente es fortan auch als Kindergarten, **Nähschule** und **Altenheim** und erhielt 1932 den Namen **„St. Josefshaus"**.
- Trotz baulicher Erweiterungen zwischen 1954 und 1962 wurde die Einrichtung **1963** auf Anweisung des Mutterhauses **geschlossen**. In den 53 Jahren der segensreichen Arbeit wirkten insgesamt 49 Dernbacher Schwestern in Lindenholzhausen. Die bekannteste unter ihnen war sicher **Schwester Tranquillina** (bürgerlich Elisabeth Hähn, 1891 bis 1972), die über Jahrzehnte Kindergartenkinder betreute.
- Nachdem die Gemeinde **1965** einen eigenen Kindergarten (Schubertstraße 7) errichtet hatte, wurde das ehemalige Schwesternhaus **1977** in private Hände verkauft.

## *Wendelinuskapelle (Frankfurter Straße 22)*

- Die Kapelle wurde **1631** errichtet und dem hl. Wendelinus **geweiht**.

- Als **„Pest-Kapelle"** zunächst noch außerhalb der Wohnbebauung an der **„Cölnischen Hohen Heer- und Geleitstraße"** gelegen, sollte die Kapelle die Bewohner und das Nutzvieh vor Seuchen und anderen Gefahren schützen. Vermutlich erhoffte man sich von ihr auch Schutz vor den verheerenden Auswirkungen des **Dreißigjährigen Krieges** (1618 bis 1648).

- Die Wendelinuskapelle ist im **frühbarocken Stil** ausgeführt, ihr **Altaraufsatz** stammt aus dem Jahr **1674**. Er ist eine Spende eines trierischen Archidiakonatskommissars und Stiftskanonikers von Dietkirchen.

- Wendelinus – ursprünglich Ire – soll der Legende nach im 6. Jahrhundert als **Missionar** in der Region Rhein/Mosel/Saar gewirkt haben. Er wird als **Schutzheiliger** der Bauern, Hirten und der Landbevölkerung verehrt. Sein Gedenktag ist der 20. Oktober.

## Hollesser Mundartnamen

Die Liste wurde im Rahmen der 1250-Jahrfeier vom Ausschuss für Ortsgeschichte des Naturschutz- und Verschönerungsverein Lindenholzhausen e. V. anhand von Aufzeichnungen im Buch „Lindenholzhausen“ (Eichhorn, Egon u. Hellmuth Gensicke; Josef J. G. Jung u. a.) und weiterer Informationen erstellt.

Entsprechende Hinweis-Schilder aus Glas wurden an den einzelnen Häusern angebracht. So sollen Brauchtum und Tradition für nachfolgende Generationen sichtbar bleiben, damit sie nicht in Vergessenheit geraten.

| Straße | H- | Mundartname | Herkunft |
|---|---|---|---|
| Engstraße | 3 | Kollasse | Heinrich Otto 1898-1972 |
| Engstraße | 11 | Hortmanns | Angnes Löw 1864-1948 |
| Engstraße | 13 | Rumpelsoadams | Jakob Rompel 1905-1985 |
| Engstraße | 15 | Chrisjuhns | Christian Schneider 1889-1961 |
| Engstraße | 17 | Russekranz-Hannes | Johann Anton Breser 1878-1954 |
| Fahnenstraße | 4 | Backesse | Johann Jung-Meuers 1863-1945 |
| Fallbornstraße | 2 | Meuisch Hinrije | Josef Götterd 1889-1978 |
| Fallbornstraße | 7 | Schäferjupps | Johann Jakob Jung 1905-1974 |
| Fallbornstraße | 8 | Schitze | Heinrich Göbel 1907-1944 |
| Fallbornstraße | 9 | Müllisch | Heinrich Zimmermann 1884-1944 |
| Fallbornstraße | 10 | Vinzenze | Jakob Jung-Belz 1887-1974 |
| Fallbornstraße | 11 | Blanks | Heinrich Josef Otto 1894-1956 |
| Fallbornstraße | 12 | Fundinger | Anton Fundinger 1898-1962 |
| Fallbornstraße | 13 | Petisch Dörrer | Alfons Derbach 1916-1992 |
| Fallbornstraße | 15 | Pättner | Albert Pörtner 1912-1985 |
| Fallbornstraße | 17 | Loreis | Josef Lorei 1899-1974 |
| Fallbornstraße | 19 | Franze Dicks | Alfred Bäcker 1910-1980 |

| | | | |
|---|---|---|---|
| Fallbornstraße | 31 | Waaner Funz | Alfons Rompel 1935-2004 |
| Kirchfelderstraße | 1 | Baldesse | Anton Will 1909-1996 |
| Kirchfelderstraße | 4 | Metzgisch | Franz Klein 1908-1947 |
| Kirchfelderstraße | 5 | Kollas | Hubert Otto 1900-1970 |
| Kirchfelderstraße | 6 | Dick Hennesje | Johann Stein 1876-1944 |
| Kirchfelderstraße | 7 | Kollas | Willi Otto 1903-1950 |
| Kirchfelderstraße | 8 | Baßjuhns | Franz Friedrich 1888-1959 |
| Kirchfelderstraße | 10 | Troste | Lorenz Trost 1906-1989 |
| Kirchfelderstraße | 11 | Ottils | Paul Weidenbusch 1891-1945 |
| Kirchfelderstraße | 12 | Mastersche | Josef Martin Jung 1906-1978 |
| Kirchfelderstraße | 15 | Kochs | Albert Roos 1899-1977 |
| Kirchfelderstraße | 16 | Kuhhirts | Richard Fachinger 1912-1945 |
| Kirchfelderstraße | 17 | Post-Hein | Heinrich Hilfrich 1884-1943 |
| Kirchfelderstraße | 20 | Schaah | Walter Rompel 1939-2001 |
| Kirchfelderstraße | 22 | Säujaab | Jakob Dernbach 1908-1971 |
| Kirchfelderstraße | 23 | Kistisch | Albert Fachinger 1901-1988 |
| Kirchfelderstraße | 25 | Kaaserhannesse | Josef Jung |
| Kirchfelderstraße | 26 | Fuchse | Jakob Friedrich 1879-1947 |
| Kirchfelderstraße | 27 | Duuns-Jaab | Jakob Löw 1906-1984 |
| Kirchfelderstraße | 28 | Brigesse | |
| Kirchfelderstraße | 29 | Fuchse-Jupp | Josef Friedrich 1908-1989 |
| Kirchfelderstraße | 30 | Kleins | Jakob Preßler 1891-1949 |
| Kirchfelderstraße | 32 | Huijupps-Bindels | Johanna Hützen 1909-1980 |
| Kirchfelderstraße | 31/3 | Schitzebauisch | Heinrich Heun 1884-1963 |
| Kirchstraße | 2 | Kochs | Josef Friedrich 1914-2006 |
| Kirchstraße | 5 | Rerichs | Jakob Röhrig 1887-1964 |
| Kirchstraße | 7 | Heupels | Johann Stein 1902-1963 |
| Kirchstraße | 15 | Gloasenisch | Josef Leopold Simonis 1884-1966 |

| | | | |
|---|---|---|---|
| Kirchstraße | 16 | Bernhards | Albert Stein 1905-1996 |
| Kirchstraße | 18 | Scholthese-Jaabs | Anton Wilhelm Dernbach 1907-1965 |
| Kirchstraße | 19 | Schwoarze | Josef Schwarz 1901-1990 |
| Kirchstraße | 21 | Bahne-Jaab | Jakob Adam Becker 1900-1980 |
| Kirchstraße | 22 | Meuisch | Rudolf Preßler |
| Kirchstraße | 23 | Scholthesedickisch/Waaner | Leonhard Rompel sen.& jun. 1909-2017 |
| Kirchstraße | 27 | Fritze | Maria Stein 1899-1981 |
| Kirchstraße | 31 | Riese | Peter Josef Ries 1906-1989 |
| Rupertstraße | 3 | Bindels | Peter Bendel 1880-1962 |
| Rupertstraße | 4 | Ruurisch | Johann Georg Pötz 1884-1972 |
| Rupertstraße | 5 | Theise | Josef Jung Meuers 1891-1948 |
| Rupertstraße | 19 | Balwerisch | Heinrich Thomas Friedrich 1877-1967 |
| Sackstraße | 3 | Sacker Jaab | Jakob Jung-König 1901-1950 |
| Sackstraße | 5 | Kaasisch Paul | Paul Kraus 1909-2001 |
| Sackstraße | 6 | Nikeleese | Nikolaus Kaiser 1881-1955 |
| Sackstraße | 7 | Borns-Wilhelm | Wilhelm Born 1889-1949 |
| Sackstraße | 8 | Heupels | Jakob Stein 1854-1929 |
| Sackstraße | 9 | Borjemastisch | Josef Heinrich Rompel 1939-2009 |
| Sackstraße | 10 | Bauer-Adams | Adam Heun 1868-1949 |
| Sackstraße | 11 | Borts | Adam Kasteleiner |
| Sackstraße | 12 | Sack-Patt | Johann Rompel |
| Sackstraße | 13 | Derrischs | Georg Stein 1867-1940 |
| Sackstraße | 17 | Rumpels | Johann Georg Rompel 1909-1967 |
| Sackstraße | 18 | Hofbauisch | Adolf Otto 1900-1985 |
| Sackstraße | 20 | Hartmanns | Heinrich Löw 1903-1981 |
| Sackstraße | 21 | Valtins | Heinrich Valentin Stein 1890-1951 |
| Sackstraße | 22 | Riese | Georg Ries 1901-1986 |
| Sackstraße | 23 | Herings | Aloys Hering 1901-1980 |

| | | | |
|---|---|---|---|
| Sackstraße | 25 | Schworze | Willi Schwarz 1898-1979 |
| Sackstraße | 27 | Neunzerlings | Martin Neunzerling 1892-1961 |
| Sackstraße | 29 | Sandisch | Heinrich Dornoff 1873-1940 |
| Stiegelstraße | 1 | Bahnwärtisch | Georg Weidenbusch 1891-1957 |
| Stiegelstraße | 8 | Kuhhirts | Adolf Fachinger 1901-1968 |
| Stiegelstraße | 9 | Gloasenisch | Heinrich Simonis 1894-1961 |
| Stiegelstraße | 10 | Becker Jaabs | Johann Lorenz Becker 1873-1951 |
| Stiegelstraße | 12 | Kaiser Willi | Willi Kaiser 1904-1980 |
| Stiegelstraße | 14 | Müllisch | Peter Waller 1906-1988 |
| Stiegelstraße | 15 | Krause-Hein | Heinrich Kraus 1883-1956 |
| Stiegelstraße | 17 | Bauer-Hein | Heinrich Fachinger 1899-1975 |
| Wendelinusstraße | 2 | Anneborbe | Clemens Stein 1880-1969 |
| Wendelinusstraße | 4 | Bruhms | Jakob Ferdinand Dernbach 1860-1931 |
| Wendelinusstraße | 5 | Huins | Josef Mais 1892-1962 |
| Wendelinusstraße | 6 | Staa's Hinrije | Josef Stein 1835-1916 |
| Wendelinusstraße | 7 | Huinerije | Georg Jakob Heun 1899-1977 |
| Wendelinusstraße | 8 | Kopp-Hannese | Josef Dornoff 1879-1951 |
| Wendelinusstraße | 9 | Bäcker-Franze | Franz Rompel 1867-1920 |
| Wendelinusstraße | 11 | Bleutjes | Jakob Servaz Bleutge 1828-1911 |
| Wendelinusstraße | 12 | Buppesse | Josef Stein 1905-1981 |
| Wendelinusstraße | 13 | Langhobs | Georg Jakob Heun 1900-1982 |
| Wendelinusstraße | 14 | Hannés | Georg Jung-Diefenbach 1905-1980 |
| Wendelinusstraße | 15 | Goldschmitts | Josef Rompel 1897-1968 |
| Wendelinusstraße | 16 | Waanisch | Georg Rompel 1948-2002 |
| Wendelinusstraße | 18 | Bloumerie | Martin Becker |
| Wendelinusstraße | 19 | Geise | Martin Rompel 1891-1957 |
| Wendelinusstraße | 22 | Alexe | Richard Barth 1907-1972 |
| Wendelinusstraße | 23 | Aschhorns | Johann Eichhorn 1893-1943 |

| | | | | |
|---|---|---|---|---|
| Goldschmitts | Kollasse | Hortmanns | Rumpelsoadams | Chrisjuhns |
| Russekranz-Hannes | Backesse | Meuisch Hinrije | Schäferjupps | Schitze |
| Müllisch | Vinzenze | Blanks | Fundinger | Petisch Dörrer |
| Pättner | Loreis | Franze Dicks | Waaner Funz | Kaasehannesse |
| Baldesse | Metzgisch | Kollas | Dick Hennesje | Kollas |
| Baßjuhns | Troste | Ottils | Mastersche | Kochs |
| Kuhhirts | Post-Hein | Schaah | Säujaab | Kistisch |
| Kaasehannesse | Fuchse | Duuns-Jaab | Kleins | Fuchse-Jupp |
| Brigesse | Huijupps-Bindels | Schitzebauisch | Kochs | Rerichs |
| Heupels | Gloasenisch | Bernhards | Scholthese-Jaabs | Schwoarze |
| Bahne-Jaab | Meuisch | Scholthesedickisch/Waaner | Fritze | Riese |
| Schmiedkorls Klaus | Rumpelswillems Jaab | Bindels | Ruurisch | Theise |
| Balwerisch | Sacker Jaab | Kaasisch Paul | Nikeleese | Borns-Wilhelm |
| Heupels | Borjemastisch | Bauer-Adams | Borts | Sack-Patt |
| Derrischs | Rumpels | Hofbauisch | Hartmanns | Valtins |
| Riese | Herings | Schworze | Neunzerlings | Sandisch |
| Goldschmitts Richard | Heckisch | Bahnwärtisch | Kuhhirts | Gloasenisch |
| Becker Jaabs | Kaiser Willi | Müllisch | Krause-Hein | Bauer-Hein |
| Anneborbe | Bruhms | Huins | Staa's Hinrije | Huinerije |
| Kopp-Hannese | Bäcker-Franze | Bleutjes | Buppesse | Langhobs |
| Hannés | Goldschmitts | Waanisch | Bloumerie | Geise |
| Alexe | Aschhorns | Botmaxe | | |

## Beispielbilder von der Montage

# DANKE

Wir sagen vielen Dank an alle, die uns für dieses Buch Anekdoten, Berichte, Geschichten, Unterlagen und Zeichnungen zur Verfügung gestellt haben.

Dies waren insbesondere:

- Andreas Bartsch
- Martin Bartsch
- Liesel Brötz
- Tim Fachinger
- Josef (Seppel) Friedrich
- Lydia Jung geb. Dernbach
- Karin Dernbach geb. Luboeinski
- Christoph Hilfrich
- Anna Jung, geb. Krah †
- Michael Jung
- Winfried Jung
- Elvi Plemper geb. Rompel †
- Bernhard Rompel
- Franz Rompel (Willibalds Franz) †
- Georg Rompel (Bürgermeister) †
- Margit Rompel geb. Friedrich
- Rita Rompel geb. Jung-König
- Rudolf H. Becker
- Heinz Schmitt
- Lothar Stein
- Patrick Weifenbach
- Sandra Weifenbach geb. Rompel

Vielen Dank für das Heraussuchen der alten Zeitungsannoncen im Stadtarchiv Limburg durch:

- Stephanie Stein geb. Müllner

Ein Dank gebührt auch dem Ausschuss für Ortsgeschichte, der die Schilder für die historischen Gebäude und mit den Hollesser Mundartnamen erstellt hat.

Dies waren insbesondere:

- Winfried Breser
- Christopher Dietz
- Michael Jung
- Bernd Rompel
- Bernhard Rompel

Abschließend bedanken wir uns bei allen, die an der Erstellung und der redaktionellen Überarbeitung dieses Buches mitgewirkt haben.

Dies waren insbesondere:

- Michael Jung
- Bernd Rompel
- Rita Rompel geb. Blumentrath
- Niclas Wolff-Jung

Herausgegeben im Jubiläumsjahr (2022) zum 1250-jährigen Bestehen von Limburg-Lindenholzhausen vom:

*Naturschutz- und Verschönerungsverein Lindenholzhausen e. V.*